LE

CALVAIRE

DE LA PATRIE.

1re SÉRIE GRAND IN-8°.

LE CALVAIRE
DE LA PATRIE

INVASION EN FRANCE
DES HORDES ALLEMANDES
ET
SINISTRES TRAGÉDIES
DE LA COMMUNE DE PARIS

1870 — 1871

PAR A. DRIOU.

LIMOGES
EUGÈNE ARDANT ET Cie, ÉDITEURS.

PRÉFACE.

Le Calvaire de la Patrie !

En effet, hélas ! voici venir 1870 et 1871, la plus sinistre époque de nos annales françaises !

Avec elle, les événements vont se presser comme les vagues de la mer ; avec elle, les calamités vont monter comme les eaux d'un déluge : la France sera envahie, elle sera terrassée par ses plus farouches ennemis, et, quand les Prussiens auront fait leur œuvre, les Communeux, les fils de cette France, useront à leur tour du fer et du feu pour achever l'agonie de leur mère et pousser notre beau pays dans l'abîme...

N'est-ce pas bien là le Calvaire de la Patrie ?

Oui, de même que le Sauveur, la Patrie en deuil, les cheveux épars, le visage marqueté de taches livides, les membres meurtris par les coups, les vêtements déchirés, est obligée de gravir péniblement son Golgotha...

De même que le Sauveur, elle succombe sous le faix de sa croix ; elle fléchit sous les outrages ; elle verse des larmes sous les malheurs de ses enfants ; elle est le jouet des viles passions de ses bourreaux ; et enfin, odieusement dédépouillée, mise à nu, elle est douloureusement clouée sur le pilori de la haine, de l'envie, du déshonneur...

On peut donc bien dire que la Patrie, elle aussi gravit son Calvaire!

Pauvre Patrie! France désolée! combien n'est-elle pas émue, tremblante, anxieuse, éperdue, lorsqu'on lui dit :

« — Du regard sonde l'horizon... Vois ces menaces d'éruptions incendiaires qui se produisent par-delà le Rhin!...

» Que n'as-tu pas à craindre? Car les fautes d'un Etat engendrent les fautes, et pour échapper à celles qu'il a commises et aux dangers de révolution qui en sont venues, ton gouvernement, chère France, risque à tort un grand coup pour se raffermir.

» Pris au piége que lui tend l'Espagne et derrière lequel se cache la Prusse, l'Empire français déclare la guerre à cette dernière puissance.

» Tel est le vœu de M. de Bismark, et, sans en avoir la conscience, aveugle Patrie, tu favorises la politique de ton plus redoutable ennemi, qui est en mesure de faire marcher ses armées, lui, tandis que toi tu as perdu, tu as amolli les tiennes dans les délices de la paix!

» Tu ne comprends pas non plus que si ceux qui te conduisent font la guerre au-dehors, c'est pour éviter, au-dedans, la révolution qu'ils voient poindre! De sorte que tu seras la victime des deux fléaux réunis...

» Tu as donc bien offensé Dieu, le maître des mondes, France infortunée, que son bras vengeur te livre ainsi aux tourmentes qu'il déchaîne... quand il veut punir les peuples!... »

En effet, au cri de guerre de l'Empire français, la fierté nationale, la révolte de l'orgueil parisien, la colère, le courage surexcité, l'infatuation populaire poussent le cri du délire :

— A Berlin, les Français, à Berlin !

Hélas ! non, ce ne sera pas à Berlin que nous irons...

Prêtez l'oreille à cette autre clameur, venue des bords du Rhin :

— A Paris, Allemands, à Paris !

Et ils passent le grand fleuve, et ils franchissent nos frontières, et, tandis que la France pérore dans les clubs et à la Chambre, tandis que nous nous livrons aux caquetages politiques, on apprend, tout-à-coup, à Paris, partout, que les Prussiens envahissent notre territoire, qu'ils débordent dans nos plaines immenses, comme de grandes eaux dont les digues sont rompues...

Douze cent mille Allemands, car à la Prusse se joint l'Allemagne, dont elle a fait sa vassale, nous apportent le fer et le feu, la spoliation et le déshonneur, la ruine et la mort !

Douze cent mille Allemands s'avancent en armes, et nos armées, à nous, nous ne savons pas où elles se trouvent, et les armes leur manquent, à elles !

Aussi la Patrie, la France se désole. Elle se prend à saisir enfin le sinistre côté de la politique de son gouvernement.

Il n'est plus temps, et c'est en vain que l'on pleure et qu'on gémit.

Comme on est en épouvante, dans les campagnes, lorsqu'on voit passer et cheminer sur toutes les routes et tous les chemins, d'une façon lugubre, les grands attelages rustiques de nos paysans des environs de Paris, allant aussi loin que possible mettre à l'abri les épaves de leurs chaumières, de leurs moissons, de leurs ménages !

On ne voulait pas croire encore à la venue des ennemis. Mais il n'y a plus à s'y méprendre !

— Ils viennent, ils arrivent, ces maudits Prussiens! disent, en pleurant, les tristes pérégrinateurs.

Et alors on verse des larmes, comme eux, avec eux, car on raconte que nos légions, réunies en hâte, mal dirigées, effrayées, elles aussi, ont été battues à Wissembourg, à Voërth, à Reischoffen, à Forbach, au Spicheren, sous Metz, à Gravelotte, partout!

Enfin une dernière et formidable bataille, celle de Sedan, achève notre ruine.

La France est perdue, et l'Empire cesse de la gouverner.

Alors, pendant que l'empereur des Français est enfermé dans la prison de Willemshöe, près de Cassel, la révolution éclate à Paris.

La République est proclamée, et le gouvernement de la Défense nationale prend la place de Napoléon III.

Défense nationale ! C'est une œuvre impossible. Peut-on lutter contre un torrent dévastateur?

Voici que Strasbourg d'abord, Metz ensuite, puis nos places fortes les plus vaillantes, deviennent la proie de l'envahisseur.

Enfin, toutes les autres grandes cités qui se trouvent sur les routes par lesquelles se fait la marche triomphale des Allemands tombent en leur pouvoir, les unes après les autres.

Et, à son tour, Paris, le superbe Paris, l'orgueilleux Paris, foyer des lumières, la ville par excellence, la capitale du monde, Paris est menacé, entouré par trois cent mille hommes bardés de fer, investi, serré de près, cruellement assiégé!...

En effet, le canon tonne sans relâche autour de la grande ville ; les obus s'abattent avec leurs sifflements sinistres sur les remparts, les places, les rues et les plus beaux monuments. La mort plane à toute heure dans un immense rayon tout à l'entour de la cité : des blessés, des mourants, des maisons détruites, incendiées, voilà l'œuvre de chaque jour

C'est en vain que des combats héroïques sont livrés, avec tout le courage du désespoir, au nom de la Patrie en danger, à Champigny, au Bourget, à Bagneux, à Montretout, à Buzenval ; c'est en vain que des batailles sont livrées sur divers points du territoire, dans l'Orléanais, en Bourgogne, dans la Picardie, vers l'est de la France, etc.

Paris épuisé, [illegible], Paris capitule et se rend !

L'Allemand met le pied sur la gorge à la France, et, tout en lui prenant notre belle Alsace et la vaillante Lorraine, exige de nous la somme exorbitante de cinq milliards...

N'est-ce pas là le sinistre Calvaire de la Patrie?...

Pauvre Patrie ! France désolée ! combien n'est-elle pas encore autrement émue, tremblante, anxieuse, éperdue, lorsqu'on lui dit :

— Paris est en pleine révolte !

La République du 4 septembre, qui a pris la place de l'Empire tombé dans le sang et la poussière de Sedan, est chassée de la capitale.

Paris, en rébellion contre tout pouvoir qui n'est pas celui de la démagogie, a proclamé la Commune...

— La Commune ! Qu'est-ce que cela? demande la France, interdite, stupéfaite.

Ainsi, sous les yeux de la Patrie, voilà Paris, cette belle.

cette immense cité, si splendidement étendue dans sa grâce imposante, avec ses coupoles dorées brillant au soleil, ses dômes, ses tours, ses flèches élancées se détachant sur l'azur du ciel; voilà cette ville sans rivale, cette reine des cités, cette capitale qui est tout un monde, qui devient la proie des vautours de la Commune, après avoir été la victime de la Prusse!

Pas un moment de répit. A la guerre de 1870 succède la Commune de 1871!

Au premier siége, un second va faire suite! Et combien celui-ci sera plus meurtrier que celui-là!

C'est une horrible guerre civile qui éclate!

Ce sont les enfants de la France qui prétendent déchirer son sein!

Les pères se préparent à verser le sang de leurs fils!

Des frères donneront la mort à leurs frères!

Mais à ces monstres qu'importe la famille? Ne faut-il pas que la Commune triomphe?

La Commune ne donne-t-elle pas le pouvoir à tous? Et tous ne doivent-ils pas avoir leur part de la curée?

Car c'est une curée gigantesque qui commence!

Alors que les Prussiens, l'arme au bras, sont là, aux barrières de Paris, dans nos forts, d'où nos canons qui sont à eux maintenant peuvent nous foudroyer; alors que l'œil joyeux de nos ennemis plonge de haut dans cet amas de monuments, d'églises, de palais, dans les détours infinis de ses rues qui se déroulent et s'entrecroisent; alors que nos insolents vainqueurs se demandent ce que veulent ces rebelles qui leur font les plus viles avances de bonne amitié, ce que méditent ces partisans de la Commune, qui tiennent enfermés avec eux, dans cette gigantesque prison qui a nom Paris, deux millions de gens affolés de terreur, et quelle folie nouvelle agite ses grelots, la Commune commence son œuvre, à elle !

Ah ! comme l'a dit Mᵉ Jules Favre, le farouche déclamateur, le tonitruant Mᵉ Jules Favre :

— On ne met pas des armes dans les mains de tant de mauvais sujets sans qu'il faille, un jour, songer à les retirer !...

Pourquoi donc, sous l'Empire, alors que vous dirigiez l'Opposition, vous, maître Jules Favre, les demandiez-vous si impérieusement, ces armes, pour le peuple dont vous flattiez alors les instincts pervers ?

Était-ce l'amour sacré de la Patrie qui vous inspirait, ou bien la pensée secrète de faire triompher votre chère République ?

L'amour de la Patrie, le désir de son repos, de son bien-être ! Oh ! bien oui ! c'était là le moindre de vos soucis...

Et maintenant que, au 31 octobre 1870, pendant le siége, et sous le règne de votre belle République, vous avez été le captif de ce peuple déchaîné, et menacé de ses baïonnettes, vous ne voudriez plus lui voir les armes à la main... Vous les trouvez dangereuses, hein ?...

Or, essayez donc de les reprendre, ces armes, maintenant.

Voici ce qu'est la Commune : le règne de l'anarchie, le plus inexprimable délire de la démagogie.

C'est l'entrée au pouvoir, et quel pouvoir ! des membres de l'Internationale, du Socialisme, des Jacobins et des Hébertistes ressuscités, des Révolutionnaires de tous les degrés, marchant à la suite des Blanqui, des Delescluze, des Félix Pyat, des Raoul Rigault, des Gustave Flourens, etc.

Pour mettre la main sur le pouvoir, ils appellent à eux les Fédérés à trente sous par jour de la Garde nationale, gagnés à toute mauvaise cause qui leur donne ces trente sous sans exiger de travail, pour eux point essentiel!

Mais alors il faut un mot d'ordre.

La *Commune révolutionnaire* devient ce mot.

Et il est d'autant plus magique, que les adeptes de la chose n'en comprennent pas la signification.

Alors vers cette Commune descendent avec furie les clans innombrables de tous les déclassés, de tous les décavés de la société que renferme la grande cité.

On peut la comparer à l'avalanche irrésistible de gens enflammés de fureurs inconnues, remplis de haines échauffées par une longue compression, aiguillonnés par d'incommensurables appétits qu'aiguise la vue d'une époque de luxe et de fortunes rapides, de faméliques gorgés d'ambitions sans scrupules, et d'âpres convoitises...

Toute cette immonde vermine est gangrenée par le matérialisme le plus abject, corrompue par l'athéisme le plus cru, bouffi de la négation de tout ordre moral, et surtout éructant par tous les pores la haine des prêtres et de la religion.

C'est cette tourbe infecte qui naguère faisait son apprentissage dans les sentines des clubs, à l'école des Rochefort, qu'empoisonnaient de longue date les sophismes des charlatans révolutionnaires, les théories les plus subversives, que dévoyaient les utopies les plus absurdes.

Ils sont là, tous ces coryphées de la démagogie, ces misérables sycophantes de la ruine universelle, qui ne peuvent vivre que de la guerre civile.

Mais il leur faut des places, des titres de généraux, de

colonels, de capitaines ; il leur faut des épaulettes d'or, des galons d'or; il leur faut la plus large part possible du commandement, de l'autorité, de la puissance.

Et que l'on ne bronche pas avec eux! Malheur aux riches, malheur aux bourgeois, malheur aux prêtres, malheur aux églises, malheur aux palais!

En un mot : Bourse ou la vie!

Et souvent, trop souvent : Bourse et la vie!

Quelle curée sardanapalique! quels festins de Balthazar! quelles orgies nocturnes!

Mais aussi, mais surtout, quels drames vertigineux!

Jadis, quand les Romains eurent achevé la conquête de l'univers et qu'ils furent gorgés de l'or des nations, ils durent inventer des jouissances inconnues.

Ce fut alors que de formidables éléphants, de monstrueux rhinocéros, d'innombrables lions, des tigres énormes, des panthères, des léopards, des buffles sauvages, des ours, des urus, des aurochs, des chacals, etc., furent amenés à grands frais de toutes les parties du monde dans les amphithéâtres de l'Italie dominatrice.

Le peuple, dès lors, se rua dans les cirques, se délectant, s'enivrant de la vue des combats d'animaux, des égorgements de bêtes féroces.

Puis, comme les passions s'échauffent, bouillonnent et deviennent plus exigeantes au contact des jouissances, à ces immolations de bêtes fauves, insuffisantes pour entretenir l'émotion demandant toujours un diapason plus élevé, on substitua les combats d'hommes à hommes, les luttes de gladiateurs, les tueries d'armées entières s'exterminant mutuellement sur les arènes et dans les naumachies.

ches peu fournies ; mais à la courbure de son nez et au feu qui jaillit, pour s'éteindre tout après, de son œil demi-clos par l'abus de la vie, on pressent de violents instincts d'orgueil excessif et de domination tyrannique.

Le personnage qui occupe sa droite est grand, sec, maigre et osseux. Ses doigts résonnent comme des castagnettes chaque fois que ses longues mains se rencontrent. On dirait des doigts de squelette qui s'entrechoquent. Des broussailles qui lui tiennent lieu de sourcils s'élancent des éclairs. Son visage, sillonné de gros plis, et son crâne pelé, emmanché sur un long cou, le font ressembler à un vautour. Chose étrange en une telle réunion! la poitrine de ce personnage est couverte d'une cuirasse, et un casque est placé devant lui, tandis qu'un long sabre laisse voir sa garde d'acier appuyée sous son épaule. Cet homme maigre, élancé, ainsi enclos dans sa carapace de fer, rappelle l'amusante silhouette du chevalier de la Triste-Figure, Don Quichotte de la Manche, le terrible redresseur de torts!...

La gauche du prince est occupée par un soldat à face de dogue, et faisant ainsi contraste avec la physionomie du précédent. Il est gros et court. Blanchi sous le harnais, on trouve en lui un vieillard, mais non de ces vieillards accorts, affables, dont l'âge adoucit les traits, et font rêver à un père tendre et affectionné. Non. Le *facies* de cet homme est tuméfié par une brutalité stéréotypée dans sa chair, sur ses muscles, et résultant du rictus de ses lèvres lippues. Une formidable moustache blanche ajoute à l'aspect farouche, dur et rébarbatif de ce mufle d'hippopotame.

Les autres personnages qui entourent la table sont des princes du sang, des feld-maréchaux, des chefs de corps, des principicules, de ces roitelets dont l'Allemagne est trop riche, venus là pour prendre part à la délibération, donner aussi leur avis sans doute, mais surtout pour courber l'échine en recevant les ordres du maître.

Ils ont tous juré, au préalable, de les exécuter ponctuellement, impassiblement, implacablement, sans détours, et de tout cœur!

Les jeux de lumière projetant ici des feux, là des ombres, donnent aux différents membres de cette réunion de conspirateurs inspirés par les passions les plus violentes, de mystérieuses ressemblances avec des hures de sangliers, les uns; les autres, des profils de chacals, des museaux de panthères, ou des groins de coyotes, etc.

Le chef suprême, celui dont une couronne d'or ceint les tempes, sans se lever, mais d'un geste superbe appelant l'attention, prend ainsi la parole :

— Dieu, dit-il d'une lèvre mystique et d'une voix acidulée, — et en prononçant ce nom, et en levant au plafond ses yeux dont on ne voit plus que le blanc, l'astucieux personnage laisse deviner qu'il se rit de celui qu'il invoque hypocritement, — Dieu nous a réunis dans ce palais, illustres témoins de mon règne, fleur et gloire de mes Etats, pour nous concerter afin d'exécuter ses ordres et d'accomplir ses volontés...

Ce sera pénible à notre cœur, mais nous devons obéissance et soumission à Celui qui gouverne les mondes!

Or, sachez tous qu'il veut faire de moi un nouvel Attila!... Oui, dans les décrets éternels, je deviens le Fléau de Dieu!...

Et le peuple sur lequel il ordonne que je fasse tomber les foudres de ses vengeances, passer la flamme de ses colères, souffler le simoun de ses trombes, c'est... la France!

Comme elle me déplaît, cette France, comme elle me choque, comme elle m'irrite, comme elle m'agace!... Combien de fois, dans le silence des nuits, elle vient troubler mon sommeil... Oui, la France m'empêche de dormir, et Augusta, ma noble épouse, et notre Fritz chéri, tous, nous sommes... jaloux de cette France! continue le monarque, oubliant déjà le rôle de piétisme qu'il s'est imposé au début, et cessant de parler au nom du Seigneur, pour laisser passer aux yeux de tous le bout de l'oreille de la passion haineuse et toute d'envie qui l'anime.

Sera-t-il donc dit que cette France se composera des provinces de l'occident, tandis que notre Prusse ne développe aux regards que des plaines sablonneuses et des steppes inféconds? Sera-t-il dit que cette France aura pour capitale Paris, la ville des arts, le sanctuaire des sciences, la patrie de l'esprit, du bon goût, des splendeurs monumentales, le berceau des grandes découvertes, le théâtre de l'industrie, l'entrepôt des richesses et des trésors du monde, le foyer de la civilisation, le temple du génie, le chef-lieu de l'Europe!... Sera-t-il dit que cette France comptera des cités innombrables où toutes les ressources sont entassées, accumulées; des champs fertiles fécondés par la plus habile agriculture; des collines plantureuses d'où le sol heureux fait jaillir les vins les plus exquis, le Champagne surtout, le délicieux Champagne!...

Par la couronne de mes pères, la France ne sera plus la reine de l'Europe et du monde!...

De mes ancêtres, Frédéric VI de Hohenzollern acheta, en 1415, l'électorat de Brandebourg; Jean-Sigismond y adjoignit la Prusse-Ducale; puis, en 1648, le traité de Westphalie valut la Poméranie à Frédéric-Guillaume.

Quand ensuite l'empereur d'Allemagne Léopold Ier eut érigé les possessions en royaume de Prusse, en 1701, le premier roi de ma famille, Frédéric Ier, l'augmenta de la principauté de Neuchâtel, qu'il acheta. Puis Frédéric II n'acheta pas, lui, il vola la Silésie à Marie-Thérèse d'Autriche...

— Vola... n'est pas le mot, sire... s'empressa de dire l'homme à la cuirasse : de nos jours, et de par ma volonté, *la Force prime le Droit...* Votre aïeul n'a donc pas volé...

— Eh bien! moi, Guillaume V, je... prendrai l'Alsace et la Lorraine à l'empereur Napoléon III, ou plutôt à la France... reprit le sachem des Têtes-Carrées... Puisque la force prime le droit, j'userai d'une telle rigueur, que rien ne saura me résister... L'Alsace et la Lorraine!... Savez-vous que ce fleuron du diadème de la France me sourit fort?... D'ailleurs, on me l'a pris à moi, futur empereur de la grande Allemagne. De quel droit Louis XIV enlevait-il ces provinces où la langue allemande est parlée, où les usages sont allemands? Sont à moi tous les pays où les dialectes germains sont la langue du peuple! je les revendique. Revendiquons-les, messeigneurs; revendiquons à la France, à l'Angleterre, à la Hollande, au Danemarck, et ailleurs... toutes les régions, les îles, les presqu'îles, les moindres coins où l'on parle notre langue bien-aimée, la langue harmonieuse et sacrée de notre belle patrie!

C'est la Prusse alors qui deviendra le plus grand empire du monde; car deviendront Prussiens et les Saxons, et les Bavarois, et les Wurtembergeois, et les Badois, et les Aut... Mais silence!...

Par ainsi, la Prusse sera la reine de l'univers et ceindra la couronne altière du fier Paris; Berlin remplacera cette cité déchue, comme capitale de la civilisation, et moi, on me fera empereur, oui, je deviendrai le grand empereur d'Occident, et la reine Augusta sera impératrice, et notre Fritz sera prince impérial!...

Brrrrr! A cette pensée mon sang ne fait qu'un tour... et je sens que je titube, comme si le Champagne! Mais ce n'est pas là le quart d'heure, laissons le Champagne pour le moment...

Donc, à nous la France!... Nous allons l'attaquer, la violenter, la mettre à la torture, à la géhenne!... Oui, je me ferai volontiers bourreau, exécuteur juré, pour humilier ce peuple français que je hais, et qui ne m'a pas fait grand accueil à l'exposition de 1867, où j'avais pourtant envoyé mes canons Krup... Oui encore, nous devons réunir toutes nos combinaisons et nos efforts pour pressurer, dépouiller, appauvrir, morceler, anéantir cette France odieuse autant que nous le pourrons. Je le veux!... Cela sera!...

Guillaume, le cacique des Têtes-Carrées, achève à peine d'articuler ces derniers mots avec un accent impérieux, colère et sauvage, que subitement prenant l'attitude d'un chef de Peaux-Rouges parlant à ses guerriers au nom du Grand-Esprit, sous le wigwam du conseil, il empreint sa face d'un air béat de douleur affectée, couvre ses traits d'une misérable hypocrisie, et ajoute d'une voix mielleuse, en scandant ses paroles :

— Cela sera, mes frères, cela sera, au nom du Seigneur!... Car *Dieu le veult!* Oui, cela sera, au nom du Créateur que nous adorons, et dont, vous le savez, nous prenons à tâche d'exécuter en toutes choses la sainte volonté! Que son nom soit béni!

Puis se redressant tout-à-coup, il ajoute d'une voix de tonnerre, en sillonnant l'air de ses bras et en faisant luire des feux dans son œil d'hyène:

— Oui, cela sera... Elle me déplaît cette France que l'on a surnommée la terre des braves!... je la foulerai du talon de ma botte royale, moi, Guillaume de Hohenzollern, et je lui ferai rendre le dernier soupir, s'il faut...

— D'ailleurs, sire et messeigneurs, n'oublions pas que le sol est miné sous nos pieds... dit à son tour le don Quichotte cuirassé, en réponse au monarque. Les nations nous abhorrent, et les petits enfants même, dans leurs prières, demandent au Très-Haut que la terre soit délivrée de nous.

— C'est précisément la France encore, la France toujours, qui a ramené la liberté dans notre Occident!... que ferons-nous pour étouffer cette liberté! car notre règne est fini, si le sien commence... Que chacun de vous, messeigneurs, propose ce qui lui semblera bon!... murmure le souverain avec un hoquet.

— Envahir la France, le sol exécrable où germe cette dangereuse liberté!... réplique le cuirassier.

Nous, Prussiens, nous serons une *Nation armée*, contre

l'Armée d'une nation; c'est dire que le triomphe est assuré.

Que feront trois cent, quatre cent mille hommes contre tout un peuple? d'ailleurs le soldat français n'est plus un soldat : c'est un mannequin habillé d'une tunique ; c'est un pantin dont les révolutionnaires font mouvoir les ficelles. Les feuilles démocratiques ont enlevé tout frein, lacéré toute discipline, et éteint toute vaillance chez ces héros des légendes d'autrefois! Nous aurons facilement raison de ces militaires pour rire, tout comme nos enfants de leurs soldats de plomb...

— Avec douze cent mille hommes, et nous les avons! dit ensuite le gros soudard à moustaches blanches, nous franchirons notre grand fleuve du Rhin, et nous inonderons les provinces de l'est de la France, non pas comme une invasion ordinaire, lente et mesurée, mais avec une rapidité torrentielle, effrayante, comme une avalanche, comme les eaux de la mer rompant leurs digues, comme un déluge d'hommes engloutissant toutes les vallées, pénétrant par toutes les gorges, s'étendant sur toutes les régions, gravissant jusqu'aux montagnes, se répandant à travers toutes les plaines, inondant les villes, enfouissant les villages et les hameaux, dévastant, détruisant, arrachant, ruinant, confondant toutes les choses, y enlevant la vie et y prodiguant partout la mort!...

— Très bien! très bien!... balbutie le sachem.

— Bravo ! bravo !... disent après lui les guerriers.

— Ces douze cent mille hommes, nous les diviserons en de nombreux corps d'armée... continue le boule-dogue.

Alors, portant la guerre sur le territoire ennemi, contre son attente, car il se croira le premier à atteindre les bords du grand fleuve, quand il se présentera, nous l'aurons déjà franchi sur huit ou dix points différents à la fois.

Nous tomberons inopinément chez eux, en les glaçant d'épouvante et d'effroi.

Notre violence sera celle du tonnerre qui foudroie; notre fureur, la fureur de la tempête qui brise et écrase; notre rapidité, celle du tourbillon qui arrache et disperse; notre vengeance, la vengeance du feu qui brûle et consume, la vengeance de la mort qui tue pendant le sommeil!...

— Très bien! très bien!... balbutie le sachem en se frottant les mains et en portant les lèvres à une coupe placée sous sa main.

— Bravo! bravo! disent après lui les guerriers.

— Alors aussi, quatre cent mille hommes livreront des batailles ici et là; — je connais les bons endroits; je les ai visités; mes plans sont là!... Wœrth, Forbach, Freschwiller, Wissembourg. — Nous serons vainqueurs, car là où les Français mettront en ligne 30,000 hommes, nous leur en opposerons 200,000; où ils en masseront 100,000, nous en aurons 300,000... continue le gros capitaine.

De l'Alsace inondée par l'arrivée de nos douze cent mille soldats, trois cent mille se porteront immédiatement vers la Lorraine, et trois cent mille sur les forteresses qui bordent la France. Ces citadelles seront immédiatement investies...

Cent mille hommes feront notamment le siége de l'arrogante cité de Strasbourg... Strasbourg!... la clef de notre chère Allemagne désormais!... Ayons-en bien le souvenir au cœur!...

Je dis « siége de Strasbourg!... » c'est à tort. Sans nous occuper aucunement du prétendu droit des gens, car ce n'est pas à des Prussiens que l'on fait de ces contes d'enfants, nous ferons tomber sur cette ville, qu'il nous faut, et sur toutes les places fortes que nous attaquerons, un tel déluge de feu; nous les couvrirons de tant et tant de projectiles, bombes, obus et fusées; la grêle monstrueuse d'un bombardement sans nom jusqu'alors, jetteront la population dans une telle épouvante, qu'elle demandera grâce et merci... les femmes, les premières, puis les vieillards, forceront leurs défenseurs à capituler...

Croyez-vous que nous épargnerons les monuments, les hospices? Allons donc! Que sont les édifices, fussent-ils des

Alhambra, des Xénéralif et des Parthénon. Que sont des hospices, où gît la vieillesse inutile, quand il s'agit de vaincre?

Nous ne battrons pas davantage les remparts. Est-ce que nous voulons monter à l'assaut?... Nenni pas! Nous n'avons point de temps à perdre... Nous sèmerons la mort parmi les familles, mais une mort incessante, cruelle, horrible, et les familles seront nos auxiliaires dans un tel bombardement!...

Que nous importe le sang qui coulera?... Le sang français, dût-il rougir le sol de toute l'Europe, peut-il nous émouvoir? A l'œuvre, mes pairs! Appelons à nous le fer, la flamme, la douleur et la faim, l'agonie et la mort, mais sur toutes choses soyons les maîtres, et devenons le premier peuple du monde!

Le général de Moltke aura imaginé un plan qui rendra immortel... son nom... dans l'histoire!

— Très bien!... très bien!... s'écrie le sachem...

— Bravo!... bravo!... disent après lui les guerriers...

— Et puis vous n'oublierez pas... surtout... de rançonner... les villes, les... villages... et jusqu'au... moindre hameau... ajoute le personnage couronné, dont la langue s'épaissit peu à peu, et balbutie, car il a souvent recours à un breuvage qui est placé près de lui, et dont il semble savourer le charme perfide.

— De cela... je me charge, et de bien d'autres choses encore... dit à son tour, et en riant de toute sa bouche ouverte, le cuirassier qu'agite un frissonnement continuel... Depuis douze ans, mais depuis six surtout, j'ai couvert la France d'espions intelligents et dévoués. J'ai de ces espions parmi le peuple, dans la bourgeoisie, au milieu de la plus brillante société, et jusque sur les marches du trône impérial. L'Empereur et ses ministres, les diplomates et leur cour, généraux et maréchaux, gens du monde et libres-penseurs, la tourbe des journalistes surtout, n'ont rien dans leurs poitrines et au plus profond de leurs pensées, que je ne connaisse; toutes les ressources, toutes les richesses de la France me sont connues. Les plans des hommes de guerre, ce que renferment les arsenaux, l'esprit du soldat, sa haine actuelle de toute discipline, grâce aux feuilles démocratiques et révolutionnaires, rien ne m'est caché, et je le dis nettement, nous vaincrons!

Mais pour rendre cette victoire définitive, pour faire de la France un cadavre désormais sans vie, nous épuiserons le sang qui coule si abondamment dans ses veines, c'est-à-dire l'argent... Les réquisitions de toute nature, les contributions de guerre ordinaires et extraordinaires, les impôts quintuplés sous menace d'*exécution militaire*, expression mystérieuse qui fera frémir, exactions de toutes sortes, rapines et déprédations, châteaux mis à sac, manoirs dépouillés de la cave au grenier, villes ruinées, maris châtiés, femmes fustigées, trésors et mobiliers pillés, villes incendiées, paysans jetés à la voirie, chevaux volés, basses-cours égorgées, roueries de toutes sortes sont dans mes attributions. Je n'aurai l'air de toucher à rien, et tout se fera par moi. Nous exprimerons du citron jusqu'à la dernière de ses gouttes, à l'aide d'une pression formidable. A moi cette pression! je saurai me tirer d'affaire et vous me donnerez des nouvelles de l'action mise à bonne fin...

Par exemple, j'abandonne aux titulaires des commandatures, à leurs chanceliers, aux préfets et sous-préfets allemands, à nos généraux prussiens et à leurs officiers, tous les pillages de moindre importance, les surcharges d'impôts, les surtaxes des postes, le coût des *laissez-passer*, les retenues sur les chemins de fer, les ventes de bois dans les forêts de la France, etc., car nous agirons comme chez nous, dans cette France terrifiée!... Le reste, il me le faut!... Il me le faut, pour le mettre à vos pieds, millions et milliards, sire... ajoute-t-il en se levant pour s'incliner profondément, et comme par dérision, devant la Majesté dont les yeux ternes et glauques se voilent par instants.

— Je reviens à la guerre et à mon plan... dit de nouveau le rude bouteur de batailles et de bombardements.

Donc, nos légions s'avancent petit à petit, comme timidement, précédées des uhlans, leurs éclaireurs habiles, au travers de cette belle proie qu'on appelle la France!... Nos soudards se font débonnaires d'abord, et faibles, pour qu'on les accueille sans violence, qu'on les ménage, qu'ils préviennent en leur faveur... Ils ont soin de dire partout et toujours : Nous voici, meilleurs diables que vous ne pensiez ; vous voyez que vous pouvez faire de nous ce que vous voudrez; nous ne sommes que cinq, dix, quinze, vingt!... Néanmoins, ne nous touchez pas, car demain vingt mille cavaliers arrivent; nous sommes suivis de cent mille hommes!... Ainsi, ce que vous avez de mieux à faire, c'est de nous livrer votre ville, vos maisons, vos vivres, votre argent, vos chevaux, et de ne pas bouger, sinon *capout, der teufel!*

Et ces dernières paroles s'accentuent de plus en plus jusqu'à produire un formidable rinforzando...

D'ailleurs, si un misérable paysan veut défendre sa femme, ses filles, ses enfants, sa famille, fusillé sans rémission!

S'il ose protéger son petit domaine, le feu à sa maison!

S'il prétend soustraire ses provisions, le pillage!

Qu'une ville ait l'audace de résister, l'incendie!

Qu'un pays s'insurge, exécution en masse, pillage des demeures, le feu à toutes les maisons, la mort partout!...

Et pendant qu'on incendiera, que les châteaux brûleront, que les villages seront en flammes, que le sang coulera sous les balles et les baïonnettes, que l'on pillera les maisons, que tout sera mis à sang, à feu et à sac, nos belles et bonnes musiques prussiennes feront entendre leurs plus joyeuses fanfares!... histoire de s'amuser pendant qu'ils pleureront, eux!... *Væ victis!*

Aussi, pour enlever toute idée de rébellion, pour étouffer

dans son germe tout projet d'insurrection, toute tentative de soulèvement, partout où se montreront nos armées, nous afficherons incontinent :

« Peine de Mort... contre quiconque, etc., etc. ! »

En même temps, au fur et à mesure que nos colonnes s'avanceront dans les vastes plaines de la France, semblables au coin de fer qui écarte en brisant toute résistance, les chemins de fer seront coupés, les routes interceptées, et la circulation deviendra impossible.

Puis les fils des télégraphes seront enlevés. A nous seuls la télégraphie, pour communiquer les ordres, faire parvenir les dépêches, correspondre avec l'Allemagne et le monde entier... Mais pour les Français altérés, plus de nouvelles, pas de communications possibles, même avec les pays les plus proches; ignorance entière, absolue, de ce que nous ferons dans les départements envahis et des violences dont ils seront le théâtre.

Les provinces seront alors comme à mille lieues de leur capitale.

Les postes seront supprimées; les bureaux de poste seront fermés; les lettres deviendront un mythe!...

Surtout plus de journaux, dont les Français sont si friands!

La France entière, mise ainsi à la géhenne, à la torture, plongée dans l'obscurité de l'ignorance de tout événement, terrifiée, saisie d'épouvante, glacée d'effroi, n'osera remuer, ne pourra crier... Si elle fait un mouvement, soudain nous lui mettrons plus durement encore le pied sur la poitrine; nous en ferons un cadavre...

On se demandera, entre Français : Où est donc le roi Guillaume?... où se trouve le prince Frédéric-Charles?... sur quel point marche le prince héritier?...

Et nul ne pourra répondre.

On se dira : Mais que fait donc notre armée de la Loire? Bourbaki arrive-t-il donc enfin?... Et Paris, que lui advient-il? quelles victoires ont donc remportées Chanzy, Faidherbe, Clinchant?...

Et nul ne soufflera mot...

Et alors nous lui répandrons les nouvelles les plus étranges; et on les croira, et on se les dira à voix basse, et on pleurera de joie; puis quand la vérité se fera jour, et qu'on saura que l'on n'a plus que des ruines, que les soldats sont morts, que les armées sont détruites, les Français consternés attendront dans le silence, la terreur et l'effroi. . . . .

— Cependant, Strasbourg aura capitulé... réplique le chancelier casqué.

Metz aura capitulé...

Toul, Verdun, Thionville, auront capitulé, car elles capituleront toutes, ces fameuses forteresses...

Et Paris donc!... Paris, lui aussi, capitulera, le fier Paris!

— Et nous lui prendrons des millions, le plus de millions possible, s'écrie le sachem des Caraïbes, dont le visage s'empourpre, car à chaque instant, comme un fiévreux qui aspire la fraîcheur, il porte ses lèvres altérées au vidercome qu'il vide d'un trait, mais qu'on lui remplit immédiatement d'une liqueur dorée comme le champagne, mais qui doit être de l'eau de feu, ainsi que disent les Peaux-Rouges, ou du cognac, comme disent les Français, plus classiques.

Puis le même personnage, saisissant la couronne d'or, qu'il place obliquement sur son chef royal, d'un air crâne et tapageur, ajoute d'une voix entrecoupée par des hoquets bachiques :

— Pendant que vous, mes braves camarades, vous fusillerez les naïfs paysans, que vous assassinerez les *moblots*, que vous exterminerez, autant que faire se pourra, les redoutables francs-tireurs, que vous écraserez les pioupous, comme ils appellent leurs soldats, ou que vous les enverrez pourrir dans les casemates de mes citadelles, toi, de Moltke, tu... triompheras d'autant plus facilement, avec mes canons d'acier, que la France se trouvera sans défenseurs! Quant à toi, Bismark, mon féal, — et je me fie à toi pour cela ! — tu auras recours... à toutes les fourberies, c'est ton fort ! pour faire tomber... ces farceurs d'ennemis dans le piége...

Ah ! *der teufel!* je ne puis m'empêcher de rire, fait-il encore, en imprimant un sifflement à sa langue pâteuse, je ne puis m'empêcher de rire à la pensée que, par ta ruse, par ton astuce diabolique, toi, Bismark, tu vas amener les Français, le peuple le plus spirituel du monde, ainsi qu'il se le laisse dire, tu vas l'amener... à nous déclarer la guerre le premier, lui qui n'est point prêt, à nous qui sommes en mesure de l'écraser !... Oh ! voilà la plus charmante, la plus délicieuse, la plus merveilleuse de tes roueries, vieux diplomate, va !...

Si encore tout cela ne me donnait pas la fièvre, et la fièvre la soif, une soif d'enfer !... Mais oui, j'ai soif !... Versez-moi donc à boire, vous, mes laquais royaux, les laquais des illustres de Hohenzollern !... Et sachez bien que la soif qui me dévore n'est pas seulement celle de l'alcool, mais surtout celle de milliards, des milliards de la France !... A bon entendeur, salut !

Messieurs mes généraux, et vous autres princes, qui allez avoir l'honneur et la gloire de servir... la Prusse, dans cette... jonglerie... que j'appelle la campagne, l'invasion de la France, n'oubliez pas que... je veux pour fin finale, pour... bouquet terminal du gigantesque feu d'artifice que nous allons allumer à nous tous, n'oubliez pas que je veux des millions, beaucoup de millions, des millions d'Orléans, des millions de Rouen, des millions d'Amiens, des millions de Dijon, des millions de Metz, de Strasbourg, de partout, mais surtout de Paris, oh ! de Paris !...

De Paris, nous pourrons bien exiger 500,000,000 ! hein ? réponds, Bismark...

Et de toute la France, dix milliards !... Qu'en pensez-vous, mes braves ?...

Dix milliards !...

Mais c'est que, pour une pareille conquête, je mets en mouvement tous... mes hommes de fer et d'airain!...

Eh bien! oui, j'ai soif, et je bois!...

Je bois à nos victoires, mes braves!...

Pardon! pardon!... Et Dieu... que j'oublie dans ce moment solennel, lui, le Dieu des armées!... dit encore le fanatique souverain de la Prusse, qui se croit, dans ses hallucinations soldatesques et ébriolentes, l'envoyé, le choisi, l'élu de Dieu pour punir la génération du XIXe siècle, la rappeler à l'amour du bien; oui, le Dieu des armées va s'offenser de mon ingratitude, et je lui en demande pardon!

Je dis donc qu'une chose m'étonne, m'étonne profondément : c'est que, pour punir et châtier la France, et pour accomplir d'aussi grandes choses que la ruine d'un peuple comme le peuple français, le Seigneur ait...

— De grâce, nous attendons tous avec anxiété que vous acheviez de compléter votre pensée... dit gravement, avec un ton de prière, le chancelier Don Quichotte.

— Le Seigneur... ait choisi... un vieux c... comme moi!... Je suis gris, je le sens, mais... (1)

Et, en voulant s'agenouiller pour parler à Dieu, le sachem des Têtes-Carrées, Guillaume, fait tomber la lampe royale, et la salle du conseil est plongée soudain dans la plus profonde obscurité...

On entend alors un affreux ronflement, celui du roi de Prusse, qui s'endort, couché sur le tapis du salon, sous la table...

Et les pas des honorables personnages qui l'entouraient, s'empressant d'aller, eux aussi, goûter les douceurs du sommeil...

II

Quelle impression subiriez-vous, lecteur, en présence d'un duel à mort dans lequel, des deux champions,

(1) Historique. Versailles a été le théâtre du fait.

L'un se présenterait au combat mis en haleine par de nombreux exercices préparatoires, fortifié par une nourriture choisie, oint d'essences onctueuses pour assurer la souplesse de ses mouvements, couvert de pied en cap d'une armure d'acier à toute épreuve, et cavalcadant sur le plus vigoureux des étalons,

Tandis que l'autre, sommeillant à demi dans l'ignorance du danger, mais provoqué soudain par l'insulte et l'outrage, serait contraint, sous peine de forfaire à l'honneur, de répondre incontinent aux bravades de son adversaire par un cartel, alors qu'il n'a pu recueillir ses esprits et sa vigueur, qu'il manque d'armes, de montures, qu'il fléchit et trébuche à chaque pas ?...

Assurément vous vous écririez :

— Le premier lutteur doit nécessairement avoir le dessus, et le second succomber... Mais quelle triste gloire pour le vainqueur, alors !...

Telle fut la position de la Prusse vis-à-vis de la France, dans le mémorable choc de ces deux contrées, en 1870.

La Prusse a remporté toutes les victoires;

La France a subi tous les revers !

Mais le voilà qui touche à sa fin, ce duel formidable de deux races lancées l'une contre l'autre par l'orgueil insatiable d'un roi despote, l'esprit retors et la soif de conquêtes d'un ministre absolu dans ses volontés, et la haine jalouse des princes leurs ilotes !

La gloire militaire de notre chère patrie, ses succès dans les arts, ses progrès dans les sciences, les magnificences de sa capitale, les splendeurs de ses villes, la richesse de ses provinces, l'immensité de leurs ressources, l'étendue de la domination française, la renommée sans limites de la France, les lauriers que l'univers entier lui décernait, les empêchaient de dormir !...

Ce fut cette haine jalouse de l'Allemagne qui lui fit entreprendre contre nous cette guerre d'extermination.

Une trève va suivre notre défaite ; elle durera ce que dure la patience d'un peuple cruellement éprouvé.

Puissent les roueries de Bismark ne pas[illegible] école! L'Europe deviendrait une caverne de brigands!

Ce choc épouvantable, colossal, de 1870, entre deux nations, devait être un succès incomparable pour l'Allemagne. Les Prussiens s'y préparaient de longue main, tandis que les Français, légers, trop légers toujours, s'abandonnaient au plaisir, et s'endormaient dans l'indifférence.

Pour les réveiller, il ne fallait pas moins que la main du nouvel Attila.

Il vint attaquer notre pays avec un million d'hommes. Depuis Xerxès se précipitant sur la Grèce, jamais on n'avait vu armée aussi nombreuse. Ce fut un torrent, une inondation, un déluge de soldats, une marée d'envahisseurs.

Aussi quelle plume pourra jamais dire l'invasion de tout ce peuple de sauvages, peindre les haines allemandes, raconter les effrayantes turpitudes prussiennes, les vengeances atroces, les violences inouïes, les impitoyables exactions, les vols honteux, les spoliations calculées, les inimaginables réquisitions, les dépouillements sans fin et sans mesure, les horribles incendies de chaque jour, les fusillades incessantes, les meurtres, la mort sous toutes les formes et par un pur caprice haineux, la violation flagrante de tout droit des gens, toutes choses exécrables, inscrites à l'avance, combinées froidement, résolues impérieusement, très méditées, parfaitement réfléchies, et consignées dans le programme des envahisseurs; toutes choses horribles dirigées par ceux qui les avaient conçues, et exigées des sbires qu'ils envoyaient en avant, des satellites qui leur faisaient cortège, et des sicaires empanachés, dorés et couronnés, dont la glorieuse mission fut de servir d'exécuteurs des hautes-œuvres à Sa Majesté Guillaume de Prusse, au chancelier de Bismark, et au feld-maréchal de Moltke.

Or, toutes les lois divines et humaines, ainsi foulées aux

pieds par ces hordes sauvages se jetant avec fureur et voracité sur le peuple de l'Occident dont le vieux monarque jalousait les gra[illegible], c'était avec le nom du Seigneur aux lèvres, doucereusement prononcé par la bouche béate de cet hypocrite couronné, que cet héritier des princes voleurs de la Silésie et des provinces qui composent maintenant ses Etats, faisait son irruption en France.

La Prusse avait pour objectif d'anéantir notre patrie, d'en briser tous les ressorts, d'en broyer les institutions, d'en épuiser les forces vitales, d'en extraire la moelle, de ne plus lui laisser que le souffle, comme à un cadavre agonisant, afin que la France se sentît mourir peu à peu...

Guillaume de Hohenzollern contrefaisait Néron, lorsque ce monstre disait aux assassins à ses gages :

— Tuez, égorgez, mais lentement... Enlevez la vie petit à petit, afin que les victimes sentent la mort les envahir!...

Honneur et gloire à Guillaume-Néron de Prusse !

En effet, c'est ainsi que la France a été livrée au martyre, au plus lent et au plus énergique des supplices, à une torture sans nom, à une géhenne inexprimable, et cela par l'inspiration du bourreau Bismark et sous la conduite de l'arrogant, de l'inflexible, de l'implacable Guillaume.

C'est ainsi que nous avons été vaincus, disloqués, exténués, épuisés par les violences indicibles de l'exécrable de Moltke, réduits à rien, nous Français, les braves des braves jadis, et que, à cette heure suprême de l'abaissement et de l'humiliation, de la misère et de la ruine, nous sommes obligés de courber la tête...

Eh bien ! triomphez, roi sanguinaire et princes farouches, vos misérables acolytes; triomphez, généraux barbares bien choisis pour conduire vos hordes de Peaux-Rouges ; triomphez, abominable chancelier, véritable suppôt de Satan; triomphe, soldatesque cruelle, hideuse et puante!...

Mais n'oubliez pas qu'il est un Dieu dont vous avez souillé l'image sainte et le nom sacré, et que ce Dieu saura tôt ou tard venger vos crimes honteux, vos meurtres infâmes, vos ignobles spoliations, vos exactions monstrueuses, les turpitudes de vos saturnales nocturnes, et tous les incendies injustifiables, et les inqualifiables hécatombes d'innocents, dont le souvenir fera rugir longtemps les échos de Strasbourg, de Thionville, de Bazeilles, d'Ablis, de Châteaudun, de Nemours, de Chérizy et de Houdan près de Dreux, d'Orléans, d'Arthenay, de Rouen, de Bougival, de Saint-Denis, de Saint-Cloud, et de tous les lieux infortunés où vous avez porté vos pas de bêtes féroces...

En attendant le jour de la revendication, en attendant l'heure des représailles, jour et heure qui seront terribles pour les vôtres et votre pays,

Je vous donne rendez-vous au tribunal de Dieu, que j'invoque et qu'ont irrité vos fureurs.

Il sera votre juge à l'instant fatal, et qui n'est pas éloigné, où vous serez comptés parmi les morts...

Alors on dira de vous :

« Ils ont passé sur cette terre en faisant le mal! Ils ont descendu, eux aussi, le fleuve du temps. On a trop entendu leurs voix criminelles sur les bords qu'ils ont rougis de sang... Où sont-ils maintenant? Peut-on dire d'eux :

« Heureux les morts qui meurent dans le Seigneur? »

» Semblable à un rayon d'en-haut, une croix, dans le lointain, se montrait pour guider leur course. Mais ils en ont détourné la tête... Où sont-ils maintenant?... Peut-on dire d'eux :

« Heureux les morts qui meurent dans le Seigneur? »

Jusque-là, triomphez! je le veux bien.

Mais je ne vous en crache pas moins à la face le mépris et la haine des peuples...

Mais je vous crie, et l'univers avec moi :

— Soyez maudits!

II

LA GUERRE A LA PRUSSIENNE.

I

On se souviendra de 1870!

L'année s'était ouverte sous de bien tristes auspices : l'entrée au pouvoir du cabinet Ollivier-Le Bœuf; le meurtre d'un pamphlétaire par un prince de la famille Bonaparte; les sottises inquiétantes des clubs de Belleville, une maladie épidémique qui avait enclos en tombe noire nombre de Parisiens; et enfin une sécheresse déplorable qui avait nui à l'agriculture. Hélas! c'est là tout simplement la préface de nos malheurs!

En effet, on est à peine au milieu de la même année, et juillet verse sur notre sol français des torrents de chaleur, lorsque, à la tombée de la nuit, un soir de ce mois brûlant, la lune se lève à l'horizon des rives de notre Rhin, et leurs collines se couronnent de sa resplendissante lumière. A sa vue, les jeunes hommes, après les travaux du jour, poussent des soupirs de joie, et le long des chemins argentés, les jeunes filles chantent des paroles mélodieuses, car c'est le seul vrai moment du repos, le seul où la poitrine oppressée peut respirer plus à l'aise.

La scène se passe dans notre beau pays de France, cette riche terre des braves, qui produisit jadis tant de vaillants capitaines : Camulogène et Vercingétorix, Vindex et Sabinus, Clovis et Charlemagne, Bayard et Du Guesclin, Turenne et Condé, Lannes et Cambronne... J'en omets, et des meilleurs.

Tout-à-coup, alors qu'il surmonte et illumine les sombres coteaux couverts de bois, l'astre des nuits, à l'instant précis où il projette ses reflets sur les remparts de la grande cité de Paris, pénètre dans le cône d'ombre épandu dans l'infini du firmament par notre planète terre, et il se fait petit à petit une sinistre et lugubre éclipse. On ne cesse pas d'entrevoir l'orbe énorme de la lune, qui est dans soup lein, mais il s'enveloppe tristement d'un large crêpe funèbre, et à travers ce voile fantasmatique, le globe rougeâtre et sanglant semble regarder notre France, et sa capitale, et ses villes, et ses campagnes, avec une larmoyante compassion, et une terreur toute de pitié...

Cette éclipse effrayante dure de sept heures du soir à une heure du matin; et tous ceux, en grand nombre, qui en observent les phases, sont étonnés de l'aspect anormal, fantasmatique, qui la caractérise, et demeurent saisis d'effroi. Le cœur serré, pantelants, ils se rappellent l'épouvante que ressentirent autrefois, à la vue d'un pareil phénomène, et Louis-le-Débonnaire, dans sa prison, et Charles-Quint, dans son monastère, et tous les peuples encore, et jusqu'aux animaux domestiques et aux bêtes sauvages. Ils comprennent ce sentiment d'effroi, qu'ils partagent en ce moment, et ils disent :

— Quelles calamités nous annonce donc cette horrible occultation de l'astre aimé des nuits?...

Le même soir, les peuples assis sur les rives occidentales du grand fleuve du Rhin, en plongeant leurs regards sur la ligne ténébreuse de la Forêt-Noire, croient y voir briller des casques et des cuirasses, des fers de lances et des baïonnettes, sous les reflets sanglants de la lune éclipsée...

Cette vision est terrifiante; hélas! elle n'est pas l'effet d'une hallucination; elle n'est que trop réelle et trop vraie...

Ce qui semble de loin des fantômes casqués, cuirassés, armés de toutes pièces, c'est la concentration gigantesque d'innombrables hordes de Prussiens, de Bavarois, de Badois, de Hessois, de Wurtembergeois, se préparant à envahir notre France.

Apprenez, générations futures, et gardez dans votre souvenir bien profondément gravé le sanglant mémorial des ignominies allemandes que je vais essayer d'esquisser.

Certes, sous Napoléon Ier, la France a fait la guerre avec l'Europe entière. Mais ce fut une guerre franche, loyale; et si le vainqueur ne fut pas toujours généreux, il ne fut jamais barbare. Nous commencions à porter haut et ferme le drapeau de la civilisation, et alors dans ses plis était écrit : Honneur oblige!

Depuis, la civilisation a dû marcher de même chez les peuples autres que les Français ; vous le croyiez du moins, n'est-ce pas? Eh bien ! non. C'était le onzième siècle qui se frayait une voie nouvelle en plein milieu du dix-neuvième, l'ère du progrès!

C'est vous dire que la guerre dont le tableau va suivre n'est plus le fait glorieux d'une nation policée, elle est le drame cruel, farouche et sanguinaire d'un clan de Caraïbes et de cannibales.

En présence du monde ancien et du nouveau monde frémissant de honte et de courroux, en cette année de l'ère chrétienne 1870, il s'est trouvé, dans les contrées septentrionales de l'Europe, deux hommes, non, deux sauvages, qui, dans leur incommensurable ambition, dans leur famélique gloutonnerie de pouvoir, et dans leur bestiale férocité, ont préparé, dans de longues et laborieuses méditations, agencé, disposé, revu et corrigé le plan le plus monstrueux de spoliation, de conquête, d'épuisement et de ruine, qu'un génie infernal puisse combiner.

L'astuce et la fourberie, les moyens les plus honteux et les moins avouables, l'espionnage et la trahison, ont été mis en œuvre par eux pour tromper l'Europe, et surtout la France, sur leurs projets hostiles, projets qui ne tendent pas à autre chose qu'à entasser les peuples du nord et de l'occident sous leur formidable étreinte.

Mais le chef-d'œuvre de leur tactique machiavélique fut d'acculer notre gouvernement dans une impasse où l'honneur semblait engagé, et de l'amener ainsi fort adroitement à leur déclarer le premier la guerre.

Toujours prête à tirer le glaive pour sauvegarder sa dignité, la France se croyait forte avec sa stratégie d'autrefois, et invincible avec ses 350,000 soldats.

Mais la Prusse, dans l'ombre, avec silence et mystère, en se dissimulant, comme le chat qui guette la souris, avait sur pied 1,200,000 hommes aguerris, qu'elle devait métamorphoser, à un signal donné, en 1,200,000 Peaux-Rouges!

Et alors commence une guerre inimaginable, toute de haine et d'extermination, durant laquelle les Allemands se livrent à de telle atrocités, à des crimes si monstrueux et si peu justifiés, que l'Europe en frémit d'épouvante.

A pareille collision, on peut et on doit donner un nom cependant.

L'histoire l'appellera le Duel de la Race Germanique avec la Race Franque.

En effet, la gloire séculaire de la race franque ou latine, et la honteuse jalousie de la race germanique, telle est la cause de cet effroyable débordement des passions humaines qui frappe l'univers d'épouvante et fait rétrograder la civilisation de vingt siècles.

Opprobre donc aux deux fauteurs de cette iniquité sans mesure! Aussi, dès le début, attachons ces deux misérables héros côte à côte, et aussi haut que possible, au pilori de l'infamie!

Infamie au roi Guillaume de Hohenzollern!

Infamie au chancelier Bismark.

Guillaume, ce corbeau du nord, et Bismark, ce renard des tanières de la Sprée, seront pour la postérité les deux vampires qui auront sucé avidement et avec jouissance le sang des peuples; semé par haine la ruine et la misère sur les contrées les plus florissantes.

Dieu et les hommes jugeront l'inflexible et rapace orgueil de l'un, et les insatiables appétits d'annexion de l'autre.

Certes, voilà deux bandits couronnés qui auront plus fait, eux seuls, pour flétrir et tuer le pouvoir impérial, le pouvoir royal, les tyrans en un mot, et appeler sur les princes la haine et l'exécration des hommes, que toutes les théories libérales, phalanstériennes, socialistes, républicaines, communistes et autres!...

En effet, qui parlait d'un roi faisait penser à l'image de Dieu sur terre. Dans un roi ne voyait-on pas le père des peuples? C'étaient la générosité, le pardon, la clémence, la bonté, une âme bienfaisante, un cœur plein de mansuétude, réunis sous une même enveloppe mortelle! Ainsi apparaît à nos souvenirs notre Henri IV, et d'autres encore.

De telles qualités dans Guillaume le corbeau, l'oiseau de proie!... Une âme, un cœur dans son acolyte Bismark!... Allons donc!

Non, hélas! rien de tout cela chez nos ennemis.

Ecoutez les récits de leurs hauts faits; suivez-les dans le sang qu'ils vont répandre; ne redoutez ni la honte, ni l'infamie des vols, des exactions, des bassesses qu'ils vont commettre; faites taire le dégoût, les nausées, l'horreur, la révolte de tous les instincts; familiarisez-vous avec l'opprobre de leurs actes dont ils sont coutumiers, et avançons-nous à travers les hécatombes humaines, les tableaux de massacres et d'égorgements, l'incendie et les rapines; enfin, emboîtons le pas avec les héros de cette épouvantable épopée de l'invasion de la Prusse en France et de la curée allemande de 1870-1871, et apprenez à les connaître!

Mais tout d'abord laissez-moi placer sous vos yeux, lecteur, le préambule, la préface de cette abominable tragédie.

II

La guerre contre la France est, depuis sept ans, le troisième drame sanglant que joue la Prusse, *amie de la paix et n'ayant aucun but de conquête*, ainsi que l'affirme l'hypocrite général de Moltke.

En effet, à en croire les diplomates prussiens, la Prusse a été entraînée trois fois à la guerre, contre son gré, par les provocations de ses ennemis qui violaient les droits sacrés de la nationalité allemande ou bien la dignité de la Prusse.

Ainsi, en 1864, la guerre a été amenée par la proclamation faite par le gouvernement de Copenhague d'un constitution qui avait le but *insolent* d'unifier la monarchie danoise, qui, depuis 1848, grâce aux efforts de la Prusse, menaçait de se diviser en deux. Comme si la monarchie danoise n'avait pas été dans son droit, et comme si la Prusse avait été contrainte d'intervenir dans ses affaires! C'est bien là l'histoire du Loup et de l'Agneau...

En 1866 encore, la Prusse, toujours bien contre son gré, se décide à se venger du *ton arrogant* avec lequel la Confédération allemande, l'Autriche en tête, a osé exiger l'observation d'une loi qui était commune à toute la Confédération.

Depuis 1866, la Prusse s'efforçait ouvertement de mettre la France au rang des puissances secondaires, et tout chacun sait comment la diplomatie de Berlin a su présenter *la Prusse comme une puissance paisible injustement provoquée à la guerre.*

Voilà ce qui saute aux yeux quand on compare les entreprises militaires de la Prusse pour les sept dernières années.

Son système, éventé maintenant, est de chercher toujours à disposer l'opinion publique de l'Europe en sa faveur, et de rejeter toute la responsabilité de la guerre sur son ennemi.

En outre, la Prusse disposait habilement toutes choses de manière que, avant d'éclater, la guerre était prévue par tout le monde comme une nécessité indispensable. C'est une rouerie, mais on s'y laisse prendre.

Ainsi, en Danemark, les ingérences continuelles de la Prusse, à cause des *prétendues vexations* des Allemands du Schelswig-Holstein, et l'agitation pangermanique adroitement soutenue dans les provinces de l'Elbe, devaient tôt ou tard finir par une annexion de ces provinces à la Prusse, ou par un effort désespéré, pour mettre fin à son influence destructive.

De même, en 1866, l'insurrection armée de la Prusse contre la Confédération allemande était prévue depuis 1861, quand, par sa dépêche du 27 novembre, le ministre des affaires étrangères de Prusse, le comte Bernstorf, déclarait par l'organe du chargé d'affaires, M. de Savigny, au ministre de Saxe, M. de Beust, que *le gouvernement prussien était décidé à remplacer l'ordre des choses établi par le congrès de Vienne en Allemagne, par l'hégémonie de la Prusse.*

De même maintenant, en 1870, il était évident pour tous, par les menées et les dires de la Prusse, que la guerre entre elle et la France était inévitable, qu'elle devait éclater tôt ou tard, et on peut même dire que la Prusse avait hâte de trouver un prétexte, puisqu'elle a imaginé cette ridicule comédie d'un Hohenzollern demandé comme roi par les Espagnols, sachant très bien que la France mettrait obstacle à ce choix.

Ainsi, toutes les guerres qu'a faites la Prusse depuis 1864 jusqu'à 1870 ont été *prévues* et *inévitables*. C'est la Prusse qui a été *provoquée*, dit-elle d'un air piteux, par la bouche de ses diplomates et de ses orateurs...

Mais qu'est-ce qui est arrivé ensuite?

Le Danemark, en 1864, et l'Autriche, avec l'Allemagne, en 1866, se sont trouvés non préparés pour la guerre, et pris au dépourvu par cette Prusse *pacifique qui ne cherche pas des conquêtes!*

Et maintenant, à notre tour, aux yeux de toute l'Europe, c'est la France qui est le *provocateur!*

Mais les événements démontrent actuellement que la France, *provocatrice et conquérante,* ainsi que le prétendait la Prusse, n'était même pas préparée pour se défendre.

La Prusse, au contraire, toute armée, concentrait en un clin d'œil, sur sa frontière, des masses de troupes comme il n'y en a pas d'exemple dans l'histoire, masses innombrables exigeant d'immenses approvisionnements de toute espèce et des moyens de transport excessifs.

Or, tout cela était déjà sur la frontière huit jours après la déclaration de la guerre, et à tout cela la France oppose des troupes disséminées, non complétées, et qui manquent même de cartouches dans le feu du combat...

C'est bien là la répétition de ce qui s'était passé en 1864, en Danemark, et en 1866, en Autriche, dans le Hanovre, à Nassau, Darmstadt, Hesse-Cassel, à Bade et en Bavière...

Ainsi, partout la Prusse est parvenue à abuser ses ennemis, non-seulement sous le rapport de ses forces, mais aussi quant aux forces dont ils pouvaient disposer; elle est arrivée non-seulement à endormir leur vigilance politique ou militaire, mais aussi à inspirer aux gouvernements ennemis la défiance dans les organes de la presse nationale.

Dans de telles conditions, que peuvent faire le courage de l'armée et l'énergie de la nation? Certes, l'histoire ne pourra reprocher à la France de 1870 l'absence ni de l'un ni de l'autre. Elle appréciera les malheurs actuels de notre pays d'un point de vue plus élevé. Toute la responsabilité sera mise par elle sur le compte des hommes politiques français qui se sont laissé aveugler par la Prusse, et par ses promesses, et qui l'ont laissée faire depuis 1866.

En vérité, la parole d'un diplomate n'est rien si elle n'est appuyée sur la force armée du pays. Napoléon III l'a oublié en entreprenant une action diplomatique dans le but de s'opposer à un vainqueur armé de pied en cap, et d'obtenir des promesses de ce même Bismark, qui payait par Kœniggraetz la confiance avec laquelle l'Autriche l'avait aidé à piller le Danemark.

Au moment des négociations de Nikolsbourg, si l'empereur des Français avait pu disposer d'une armée de 150,000 hommes, au moins, sur le Rhin, la voix de la France aurait été respectée, et il n'y aurait pas eu de raison pour une paix armée de quatre ans, — ni pour la guerre actuelle!

Donc, dans les premiers jours de juillet 1870, l'Europe et la France sont encore endormies au sein d'une tranquillité complète, et notre patrie a tellement confiance dans l'avenir, que la diminution du contingent militaire est adoptée par ses représentants, lorsque, tout-à-coup, dans le ciel serein de la politique, retentit une explosion formidable.

Le 6 du même mois, le ministre des affaires étrangères, M. de Gramont, annonce aux Chambres la candidature d'un prince de Prusse au trône d'Espagne, candidature offerte par le général Prim en quête d'un souverain, acceptée par Léopold de Hohenzollern, et sanctionnée par l'autorité du roi de Prusse.

L'émotion est grande dans toute l'Europe à cette nouvelle. La Prusse veut-elle donc occuper désormais toutes les contrées de l'Occident?...

En effet, le pirate Bismark a déjà pris :

Au roi de Hanovre, et à d'autres princes allemands, leurs sceptres, leurs couronnes et leurs provinces;

Ses trésors, à la ville de Francfort écrasée par le despotisme et les armes de la Prusse ;

Au Danemark, le Schleswig et le Holstein;

Il a voulu s'emparer des ports et des colonies de la Hollande;

Il a mis l'Autriche au ban de l'Allemagne, en la plaçant sous le joug conquis à Sadowa;

Son appétit pantagruélique d'annexions et de conquêtes lui fait convoiter la Bavière, le Wurtemberg et le duché de

Bade, qui désormais sont acquis à la soumission absolue aux exigences de la Prusse;

Enfin, le même chancelier fédéral veut faire de la Baltique un lac prussien;

Et, de la Méditerranée, une mer prussienne.

Maintenant c'est à la France, que la Prusse hait et jalouse, à la France, reine de l'Europe, et à Paris, la capitale du monde, que M. le comte de Bismark va s'adresser. Plongeant sur notre chère patrie son œil de vautour, il songe à pousser nos citoyens français, si ardents, si facilement inflammables, à une guerre qui deviendra une guerre de race, la lutte de la race germanique contre la race gauloise, afin de l'asservir et de régner en despote, sans contrôle à craindre, sur l'Occident vaincu.

Le moyen de mettre le feu aux poudres françaises, c'est de menacer la France d'un roi prussien assis sur le trône de l'Espagne!

L'épouvantail est bientôt trouvé... Prim se fait le comparse de l'ogre de la Sprée. Aussitôt, on fait cabrioler sous nos yeux, comme un pantin dangereux pour ses voisins, le prince de Hohenzollern-Sigmaringen. Nous nous fâchons... alors, la diplomatie est mise en jeu. Notre ambassadeur, une pauvre tête, va trouver le roi Guillaume, à Ems. Celui-ci insulte le représentant de la France, et aussitôt le dénouement de cette ignoble comédie, qui a pour objet de nous amener à une déclaration de guerre, a lieu comme Bismark l'a prévu...

Pauvre honneur national! on le met en avant dans cette triste tragédie. Mais pour le défendre, cet honneur national, pour le protéger, afin de porter haut et ferme notre étendard aux trois couleurs, il faut des armes, des légions, des ressources... Or, la France n'est pas en mesure de lutter...

Dieu, qui sans doute veut nous punir, Dieu permet que les aveugles et criminels dépositaires du pouvoir nous trompent.

— La coupe de l'outrage déborde! s'écrient-ils. Pour laver l'injure qui nous est faite il faut du sang, il faut la guerre, une guerre sainte, une guerre nationale!...

Et la France acclame la guerre, à la voix de l'Empereur Napoléon III; oui, la France, d'une voix unanime, veut entamer la lutte, car on lui dit qu'elle est en mesure de se mettre en ligne contre l'orgueilleux ennemi qui la brave et l'insulte.

Odieux, exécrable mensonge!

La France compte à peine 337,000 soldats sous les drapeaux. Ses places fortes ne sont point préparées au conflit qui menace. Vivres et munitions font défaut...

Ainsi trompée, trop crédule, notre pauvre France s'élance sur les bords du grand fleuve qui nous sépare de la Prusse, le Rhin, jadis témoin de nos exploits, et là, elle se trouve en face de l'ennemi, dissimulé dans les bois, selon sa tactique frauduleuse.

Cruelle déception! la Prusse se présente enfin au grand jour, et alors on reconnaît qu'elle arrive avec des armées de 1,200,000 guerriers, suivis d'une artillerie formidable...

C'est avec une pareille inégalité de forces qu'il va falloir combattre. La lutte s'engage néanmoins; elle est terrible. Mais que peuvent la vaillance et la *furia francese*, si redoutables toujours, contre des nuées se renouvelant sans cesse de hardis soldats? En effet, dans chaque bataille qui se livre, nous nous mesurons dans une proportion telle que les Prussiens sont 6, 8, 10 contre un seul Français.

Honneur à la lâcheté prussienne!...

III

« La Prusse est le péché de l'Europe... a dit un publiciste fameux. » Née du protestantisme, son premier établissement lui fut fait par l'apostasie. Elle a grandi dans le délire et par la complicité de l'impiété philosophique.

» Après Albert de Brandebourg l'*apostat*, son second fondateur est Frédéric l'*athée*. Le principal ministre de ce Frédéric, pour tromper et corrompre l'opinion, fut Voltaire; c'est tout dire...

» On a continué de dire chez nous que la *Marseillaise* vaut une armée; oui, une armée sur le boulevard; quant à l'ennemi, juste l'équivalent d'une armée sur le papier... »

Lorsque ce Frédéric, que la Prusse reconnaissante a nommé un grand homme, et que M. de Maistre se contente d'appeler un *grand Prussien*, se mit à voler la Silésie à Marie-Thérèse d'Autriche, l'ami de Voltaire et des encyclopédistes n'avait aucune raison à donner à l'Europe étourdie; il larronnait, il pillait, il se posait en pirate.

Bismark, l'homme qui résume en lui la politique prussienne, n'a rien inventé; il se borne à copier Frédéric II l'*impie*. Comme ce mécréant immonde, il vole, pille, il fait de la piraterie, par les mêmes moyens violents et expéditifs.

— Avant Sadowa, s'écrie l'ogre de la Sprée, il n'existait ni une Allemagne, ni une Prusse. L'unité manquait à la première, et une frontière à la seconde. Grâce à une bataille unique, j'ai sur l'Allemagne une tête, la Prusse; j'ai créé l'unité, et je ressusciterai l'empire de Charles-Quint au profit de Guillaume.

Tel est le plan du comte de Bismark.

Quant au roi dont il prétend faire un empereur, un mot le peint et le révèle :

C'est le type le mieux réussi de souverain autoritaire. Certes, ce n'est pas lui que la défaite et le massacre de ses soldats stupéfieront. Le soldat prussien n'est-il pas fait pour être sacrifié?... Aussi, c'est avec une douce sérénité que ce bon roi Guillaume prend la plume, le soir d'une défaite, pour écrire à sa femme Augusta : « Tout va bien! » Il a perdu 8 ou 10,000 hommes; ses ambulances sont encombrées de blessés; mais il faut que la Prusse soit rassurée, et alors il écrit à Augusta : « Tout va bien!... »

Le fonds de la pensée de cet esprit orgueilleux et retors, le voici :

— L'Allemagne a la force physique, l'Allemagne a la force intellectuelle, elle doit être l'épée qui détruira la France corrompue, la hache qui frappera le catholicisme gangrené...

Mais pour arriver à ce développement du protestantisme pangermanique, il faut de l'argent. La France seule en possède assez ; c'est la caisse de l'Europe. Les Parisiens ont à la banque des milliards qui m'attendent. J'en imposerai 7 ou 8 autres sur les Français, payables à de courtes échéances, d'abord; puis, en nous en allant, je retiendrai l'Alsace et la Lorraine, dont préliminairement j'aurai aspiré toute la substance et épuisé toutes les ressources.

Après mes fusillades de paysans, de jeunes filles, de religieuses, qui osera bouger?

Un vaste empire ne peut être vraiment grand sans une grande marine pour dominer toutes les mers. Je prendrai la belle et puissante marine française.

Je m'emparerai ensuite du Danemark et de la Hollande. La Prusse, par ainsi, sera maîtresse de la Baltique.

Après quoi, l'Autriche annexée, absorbée, je prendrai l'Adriatique.

Afin de me rendre possesseur de la Méditerranée, je soumettrai l'Italie, qui n'est qu'une esclave. N'est-ce pas là que règne le Pape, cette idole surannée qui fanatise les populations et empêche le domaine de la raison de s'étendre?

Alors, seulement, alors la nation allemande tiendra le rang où elle aspire, et dont Bismark et moi nous sommes seuls dignes d'être les caciques et les seigneurs...

Doutez-vous, chers lecteurs, que ce soit là le plan du roi Guillaume? Lisez cette lettre d'un certain colonel prussien :

« Un de nos nombreux compatriotes, à Paris, vous remettra ces quelques mots à vos rodomontades françaises, qui excitent dans notre camp une hilarité aussi bruyante qu'une de nos bombardes.

» Je vous jure sur l'honneur de vous payer 20,000 francs, si mon régiment ne défile pas devant votre maison de Paris, avant le 14 septembre 1870.

» Savez-vous d'où nous vient la certitude de vous vaincre ?

» C'est parce que nous avons l'appui moral de l'Europe.

» C'est ensuite à cause de la supériorité de notre artillerie.

» Troisièmement, parce que nous voulons tous l'unité germanique. L'idée des annexions ne vient-elle pas de Napoléon III, qui a eu pour imitateurs MM. de Cavour et de Bismark ?

» En quatrième lieu, nos soldats sont bien commandés, et nous n'avons pas chez nous de divisions d'intérêts, de principes politiques, et point d'insubordination comme vos gardes mobiles, que nous craignons moins que des collégiens. Chacun de nos soldats possède l'instruction d'un de vos officiers.

» Enfin nous serons vainqueurs parce que nous combattons pour la civilisation, c'est-à-dire pour l'émancipation de l'homme par l'instruction.

» Croyez-moi : l'avenir appartient aux races septentrionales ou protestantes... »

Ainsi, Français, nous voilà prévenus. Heureusement les paradoxes ne font pas défaut à ce factum.

La même lettre tire les conclusions suivantes, à l'occasion de la prétendue décadence des races latines :

« Voyez un peu : au premier Napoléon, nous et l'Europe, nous avons repris les conquêtes de la République.

» Au deuxième Napoléon, nous prenons un neuvième de votre pays, sans parler des frais de guerre qu'il faudra nous solder.

» Dieu sera avec ceux qui veulent le progrès, c'est pourquoi le ciel vous délaisse... »

Dieu! Il ose nommer Dieu, l'infâme!... Croit-il seulement en Dieu?...

Idées de rêveurs et de mystiques, cet impie langage..... Espérons que Dieu, le vrai Dieu, sera avec nous. Toutefois, ce qui malheureusement est certain, c'est que les hommes d'action destinés à mettre en pratique la plus modeste partie de ces projets... ont la main furieusement dure. Je vais vous le dire, le cœur serré, car tout ce que j'ai à vous raconter du passage des Prussiens en Alsace et en Lorraine est navrant... Nous y arriverons tout-à-l'heure. Jusque-là, j'ai besoin de vous entretenir encore de nos ennemis, au point de vue du caractère.

M. V. Cherbuliez a dit de la race prussienne :

« Race étrange, très appliquée à ses devoirs, dévouée au bien de l'Etat, lui sacrifiant ses fantaisies et ses plaisirs, un peu raide d'allures et très souple d'esprit, d'une raison courte, mais exacte et saine, à l'âme droite, au cœur pieux, aux mains prenantes, et dont la devise est sans doute : *Ora et labora*, travaille, prie et... prends! »

En effet, pour prendre et garder, la Prusse a quatre mains, un souverain très avide et un politique très audacieux.

A l'ouverture de la campagne de 1866 contre l'Autriche, le roi Guillaume, outre les 500,000 hommes de son armée, en avait un de plus, Bismark, lequel valait à lui seul tous les autres. Bismark était la tête qui combinait les plans de grandeur, d'ambition et de spoliation ; le bras qui les exécutait; le levier qui allégeait les poids trop lourds de la conscience du royal maître; le bandeau placé sur les yeux du souverain, en cas de vertige, dans cette prodigieuse ascension de la fortune de Hohenzollern. Tête, bras, levier, bandeau, tout le Bismark-Shœnausen était et est encore de la race des habiles, des audacieux et des persévérants qui, nés pour porter la clochette du bélier à la tête d'une nation, conduisent le troupeau humain où il leur plaît.

Dans la situation tout à la fois puissante et dépendante de

ce violent Bismark, le difficile n'était pas de conduire le troupeau, mais de tracer la route du berger, l'y engager résolûment, de telle sorte qu'il ne pût ni revenir sur ses pas, ni, en cas de panique, se jeter à travers champs. L'adroit compère réussit dans ce plan hardi, car la vanité royale prêtait à la tromperie chez le vieux Guillaume. Toutefois, pour le tenir en haleine et le pousser sur le chemin de son ambition, il devenait nécessaire, indispensable d'entretenir les inquiétudes du roi, de mettre en jeu ses intérêts et de faire parler haut l'orgueil de sa race.

Il fallait lui montrer, dans la Prusse découverte, la Silésie, Posen ou la province rhénane enlevée par un coup de main. C'était le tableau vu dans l'ombre. Eclairé, ce même tableau devenait tout autre. Dans la Prusse rectifiée, fermée par des frontières naturelles et appuyée sur de petits princes allemands devenus de grands vassaux prussiens, le décor changeait comme par miracle, et devant les regards avides du vieux monarque passait et repassait le jeune empire d'Allemagne. Sans aucun doute, c'était une grosse partie ; mais l'heure était venue de la jouer et de la gagner.

— L'Italie, disait le chien de Guillot, donnait ses soldats et la France ses sympathies. L'Autriche, enveloppée, serrée à la gorge par un cordon d'adversaires déclarés et de voisins suspects, commettait la lourde faute d'enfermer une armée admirable dans le quadrilatère et la Vénétie, quand l'effort de la lutte allait s'engager au cœur de ses Etats.

Sur cette question d'une rencontre formidable entre l'Autriche et la Prusse, le roi hésitait bien à s'entendre avec son ministre.

Ils se comprirent enfin cependant. La guerre eut lieu et la brillante victoire de Sadowa donna gain de cause à M. de Bismark.

Depuis cet heureux moment, cet envahisseur sans paix ni trêve ne vécut plus que de la pensée d'attaquer la France, d'humilier la France, d'annihiler la France, de la réduire au silence et de la mettre au rang de vassale. Il employa 1867, 1868 et 1869 à préparer cette guerre, et pour ajouter au prestige de la mise en scène, il jura qu'il amènerait son ennemie à déclarer elle-même l'ouverture des hostilités.

Pauvre France ! elle avait les yeux fermés. Et pendant que la Prusse armait ses 1,200,000 hommes, elle faisait des loisirs à ses 337,000 soldats. Aussi quel réveil lorsque le prince de Hohenzollern-Sigmaringen fut signalé à l'horizon comme le météore dangereux qui allait tout mettre en feu.

Sur la parole du ministre de la guerre, notre patrie crut pouvoir affronter le péril du conflit, à demi caché dans les vantardises d'une nation affolée de gloire. Et comme on hésite peu, en France, quand il s'agit de l'honneur national, Napoléon III, fauteur de la criminelle et stupide assurance donnée aux Chambres par le maréchal Le Bœuf, envoya le cartel au disciple du moderne Machiavel.

C'en était fait ; le sort en était jeté désormais, et notre pays, trompé, berné par ses chefs, allait s'exposer à une lutte dont il ne comprenait ni la perfidie ni les épouvantables dangers

IV

La levée en masse et les enrôlements volontaires de 1792 furent un admirable élan patriotique. L'histoire n'a rien vu et rien dit de plus beau que l'enthousiasme de ces soldats impovisés improvisant la victoire en courant aux frontières sans souliers et crevant de faim ; mais ne nous y trompons pas. A de tels efforts il faut le concours des circonstances, dont le retour ne favorise pas deux fois un grand peuple dans la même situation critique.

Les quatorze années de la République enfantèrent, à l'heure de graves périls, des hommes d'action dont quelques-uns avaient le génie de la guerre : au premier rang il convient de placer Hoche et Marceau. L'impétuosité française qui allait créer des procédés rapides et un art nouveau, déconcerta la lente et savante stratégie des tacticiens classiques de l'école du philosophe Frédéric.

Aujourd'hui, la chose a changé encore. Les chemins de fer, substitués aux étapes, sont les jambes du soldat. Les fils électriques deviennent les aides-de-camp chargés de transmettre aux généraux les ordres du généralissime. Et puis à la baïonnette on a donné pour successeur les terribles engins de précision à grande portée du fusil à aiguille et du chassepot. Enfin les mitrailleuses ont pour office de faucher ce que le canon laisse debout. De sorte que l'on ne se bat plus : on se tue à distance et quelquefois sans se voir. La bataille n'est plus qu'une boucherie, un massacre, une tuerie, horrible et sacrilége hécatombe humaine!

En 1870, néanmoins, si les circonstances ne sont pas les mêmes, l'enthousiasme est grand, et innombrables sont les enrôlements. Seulement les armées nouvelles, composées en partie de jeunes gardes mobiles inexpérimentés, habitués aux douceurs de la famille, détestant le frein de toute autorité, selon l'esprit du siècle, pourront-elles lutter avec avantage contre les armées de la Prusse, parfaitement dressées tout exprès contre la France? D'autre part, chose inouïe, qui fait rougir de pudeur et qui atteste l'incurie et peut-être la trahison des gouvernants, les armes manquent... Aussi l'irritation contre le pouvoir devient croissante chaque jour, et une révolution semble imminente. Comment ne pas se révolter quand on nous annonce pompeusement jusqu'à 3,000,000 de fusils, et qu'il s'en trouve à peine quelques centaines de mille dans les arsenaux? Ce qui comprime seul l'explosion de cette révolution, c'est la certitude, donnée par une prise d'armes de misérables soudoyés par la Prusse, dans la Villette, où ils attaquent différents postes. Toutefois on ne se gêne pas pour accuser l'Empereur, que l'on contraint à quitter le titre de généralissime dont il s'est affublé, et à en revêtir Bazaine, qui a fait ses preuves. Il est même sourdement question de la déchéance du pouvoir. Ainsi, M. Gambetta déclare nettement à la tribune qu'une Chambre qui ferait passer le salut de la dynastie napoléonienne avant le salut de la nation n'est pas une Chambre patriotique.

D'autre part, les efforts de cette Chambre pour aviser au salut du pays se consument en paroles inutiles et ridicules. A cheval sur leur dada révolutionnaire, les républicains de l'extrême gauche ne rêvent plus que *Convention* et *Comité de Salut public*. Acceptons un moment cette Convention, ce souverain implacable et terrible aux 300 têtes, aux 600 bras, qui, semblable au Jupiter antique, doit, rien qu'avec un froncement de sourcils, faire trembler l'Europe et disperser les armées prussiennes. Mais de quelles âmes de feu et de quels cœurs intrépides la peuplerez-vous, cette Convention? Certes, ce ne sera pas dans la robe des avocats beaux parleurs de 1870 que vous taillerez l'étoffe des rudes conventionnels de 1792!

Pendant que nos soldats opposent en Alsace et en Lorraine les murailles de leurs poitrines aux balles de Bismark, savez-vous de quelles motions patriotiques et de salut public ces grands enfants font retentir une tribune française? Le vieux Raspail à leur tête, et en queue M. Jules Simon, ils y portent des préoccupations et des rancunes de libres-penseurs. Au lieu d'être, de cœur et de pensée, avec ceux qui écrasent l'invasion, rétrogradant d'un siècle et s'enrôlant dans l'armée de Voltaire, *ils écrasent l'infâme*!... Quel à-propos, et surtout quel courage! La France lève des soldats; ils prétendent, eux, lever des séminaristes! O la spirituelle malice!

Et notez, en passant, que le défenseur des assassins et des chourineurs, de Tropmann et de Le Maire, celui qui veut à tout prix effacer du code la peine de mort pour ceux dont la main s'est trempée dans le sang de leurs pères, de leurs mères, de leurs frères, de leurs semblables, en tout cas, il veut absolument que les séminaristes courent au trépas, eux qui se destinent à la prédication de l'Evangile du Dieu de paix!

Cela ne fait véritablement pas honneur à la délicate susceptibilité des entrailles humanitaires de M. Jules Simon. Car, en toute vérité, n'est-ce pas une question futile de savoir s'il est bon que les séminaristes, à l'heure du péril pour tous, troquent la soutane contre l'uniforme? A quoi bon l'uniforme d'ailleurs. « Un fusil, dit M. B. Jouvin, dans de remarquables écrits insérés au *Figaro*, un fusil peut suffire à l'homme de cœur, et le courage n'a pas besoin de livrée. Quand on sait comment les Sœurs de charité se comportent sur le champ de bataille, on peut croire que les Frères ne s'y montreraient pas moins héroïques. Les uns et les autres appartiennent, là-haut et ici-bas, à un Dieu qui apprit, par son exemple, à ses fils à bien mourir... Ils savent de plus que les balles prussiennes ne tuent point l'âme immortelle, et que ce qui est divin dans l'homme ne saurait périr. Les affreux petits matérialistes, qui s'escriment de la langue et de la plume, et qui n'ont pas une *vie de rechange*, ont de bonnes raisons pour tenir à leur... charogne. Mais il n'en est pas de même des croyants... Faut-il le dire? C'est avec les cœurs des martyrs que se font les cœurs des héros, et la patrie en danger a plus de chance de rencontrer un de ces cœurs-là sous la soutane du séminariste... que sous la robe de certains... avocats... »

Le même publiciste ajoute, en forme de conclusion :

« Donc, ô grands avocats de la gauche, videz les séminaires en attendant l'heure de les démolir... tournez le dos au péril, qui est à Berlin, pour écraser à Rome un vieillard désarmé et livré à vos excellents frères en Garibaldi et en Mazzini!... Vous êtes tout-à-fait à la hauteur de votre rôle et de votre patriotisme; vous évoquez le fantôme de la grande Convention pour faire de petites niches à Dieu et au gouvernement... Conventionnels, vous?... allons donc! tenez, M. Keller lui-même vous a surfaits en vous nommant des *Byzantins*, car ces *Byzantins*, qui ergotaient quand il fallait se battre, savaient au moins la grammaire... »

Assurément on ne peut qu'applaudir à un aussi généreux langage. M. Jouvin a d'autant plus raison que le clergé n'est pas en retard pour faire preuve de dévoûment. Tous les évêques, toutes les congrégations religieuses, tous les catholiques de France et de Navarre, et ils sont nombreux, aussi bien que les plus ardents patriotes, offrent et disposent en ambulances leurs séminaires, leurs couvents, leurs châteaux, leurs maisons, leurs chaumières, et, pour soigner les blessés qu'on leur envoie, leurs prêtres, les frères, les sœurs, leurs familles.

D'ailleurs, sur les champs de bataille ne voit-on pas la robe noire des nombreux aumôniers de l'armée ponctuer le sol rougi par le carnage et le sang, se courber sur les mourants, et ces hommes ne leur prodiguent-ils pas alors les suprêmes consolations de la religion; ne reçoivent-ils pas leurs derniers adieux pour ceux qu'ils ont aimés; ne les aident-ils pas à mourir, ne ferment-ils pas leurs yeux aux douleurs de l'humanité? Certes, ce devoir a ses périls, et il demande autant de courage pour guérir les plaies de l'âme sur un pareil théâtre que pour faire les blessures aux corps à l'aide du chassepot... L'autre jour encore, Paris regardait avec une vive émotion défiler sur les boulevards une petite armée de 300 prêtres, le sac au dos, le bâton à la main, se diriger vers la gare de l'Est pour de là courir sur les bords du Rhin.

Lorsque le 8 août, au matin, le R. P. de la Trappe des Dombes connut le fatal résultat de la bataille du 6, et que les Prussiens campaient sur le sol français, il réunit tous ses religieux pour leur dire que la patrie est en danger, et que, dans ce moment suprême, le premier de tous les devoirs était d'aller la défendre. Tous lui répondirent qu'ils étaient prêts. Alors en effet, tous les valides, au nombre de quarante-deux, furent désignés pour aller à la frontière, au secours de leurs frères qui se battent si vaillamment. Immédiatement un frère fut dépêché à Lyon pour y acheter des vêtements séculiers; puis, ils partent, joyeux et allègres. Ceux que leur âge ou les infirmités retiennent au monastère, demandent à faire le service de la garde nationale.

Ainsi, des hommes qui, en temps de paix, travaillent à faire fructifier le sol ingrat et inhabitable de la plus mauvaise portion des Dombes, demandent comme une faveur de voler au secours de la patrie à l'heure du danger. Ils méritent donc bien eux aussi d'être mis au nombre des véritables et bons citoyens...

Laissez donc tous ces *hommes noirs* accomplir leur tâche sacrée dans l'ombre et le silence, sans bulletins de victoire, avec la modestie qui convient aux véritables dévoués, et sachez, messieurs les byzantins, que les prêtres ont un cœur et une âme qui pense, raisonne et aime, aussi chaleureusement que vous, sous la ceinture et le rabat d'un uniforme qui vous est peu sympathique, parce que sa vue est la condamnation de votre matérialisme à vous!

N'allez pas croire que le Français, tout frondeur qu'il soit, n'ait pas de croyances ni de foi religieuse. Vous avez bien fait tout ce qu'il fallait faire pour les en dépouiller, mais Dieu est plus fort que vous. Donnez-vous donc la peine d'entrer une fois dans n'importe quelle église de Paris, et contemplez ces vétérans blanchis sous le harnais, comme les jeunes soldats espoir de la nation. Ils s'agenouillent sans vergogne devant celui qui fait les forts, en présence du Dieu des armées. Acceptez dès lors cette preuve que la Religion que vous nommez *l'infâme*, à l'exemple du Voltaire auquel vous dressez des statues, et que vous prétendez écraser, vit encore, et à tout jamais vivra dans les nobles poitrines des enfants de la France.

Un vieux chevronné de la ligne disait hier en sortant de Notre-Dame-des-Victoires, et en parlant de la Vierge :

— Nous sommes venus prendre congé d'Elle, avant de lui donner quelques victoires de plus...

Il est possible que ces victoires ne viennent pas; mais on peut affirmer que celui dont la bouche a prononcé ces paroles simples et sublimes se battra comme un lion et ne marchandera pas sa vie.

Donc, je le répète, le dégoût nous prend quand on entend, par exemple, M. E. A***, dont la voix grossit avec l'orage, venir demander au nom des électeurs de la 8e circonscription de la Seine qu'on ne puisse plus se réfugier dans les séminaires pour échapper aux obligations qu'impose le salut du pays. Oui, oh! oui, le dégoût vous prend. Ce n'est pas de la colère, ce n'est pas du dépit, ce n'est pas de l'indignation, ce n'est pas même de la douleur : non, c'est du dégoût!

Ceux qui voient ces scènes intimes de la Chambre, savent à quoi s'en tenir, en présence de ces 300 représentants du pays qui sont obligés de prêter l'oreille à de misérables expressions de haine.

La France est envahie, et l'on se querelle! La France est saignante, et certains hommes se complaisent à verser leur petit vinaigre sur ses plaies. Des cris de récriminations, des absurdités, des injures, des menaces, des rixes, voilà le spectacle qu'on donne, à pareille heure, à la patrie submergée par un déluge d'ennemis.

Héros de la Lorraine et de l'Alsace, victimes de nos premières batailles, martyrs du canon prussien, telles sont les funérailles que l'on vous fait! vos grands dévoûments alimentent leurs passions. D'un geste de la main ils vous envoient mourir, et votre mort elle-même sera le prétexte de leurs disputes!...

Hélas! la nausée monte, dit Sénèque; on en a plein le cœur et plein la bouche : *Hujus rei fit aliquando nausea!...*

Mais élevons nos âmes et donnons à nos cœurs un reconfort. De tous les points de la France, des voix généreuses annoncent des dons patriotiques en faveur de notre armée, de ses blessés, des femmes et des enfants de nos braves soldats. Depuis le comte de Chambord, qui met le château dont il porte le nom à la disposition des ambulances; depuis les évêques qui offrent leurs palais et leurs séminaires, dans ce même but, jusqu'aux plus modestes résidences de nos campagnes, il n'est pas un Français qui ne veuille contribuer au salut du pays.

Et puis les bourses s'ouvrent, et les millions pleuvent.

Enfin, et surtout, les temples du Dieu des armées sont envahis par des milliers de fidèles, et entourés les autels de la Vierge-Mère... *L'Etoile de la mer*, invoquée par des âmes ferventes, nous rend la ferme espérance que notre patrie sera sauvée et arrachée, saine et entière, aux mains des modernes Barbares...

V

Avant d'entrer en campagne, le roi de Prusse prononce au Reichstag de la Confédération du Nord un discours qui est la continuation du système de mensonges inauguré par son maître Bismark. D'après le vieux Guillaume, les violences partent du côté de la France, comme si la candidature du prince de Hohenzollern au trône d'Espagne était un fait que l'on pût cacher.

Lisez ces quelques extraits, et jugez de la machiavélique hypocrisie qui les inspire :

« Nous avons, d'un regard calme et clair, mesuré la responsabilité qui, devant le jugement de Dieu et des hommes, incombe à celui qui pousse à des guerres dévastatrices deux grands et paisibles peuples habitant au cœur même de l'Europe. Le peuple allemand et le peuple français, ces deux peuples qui jouissent, chacun au même degré, des bienfaits de la civilisation chrétienne et d'une prospérité croissante, et qui aspirent à ces bienfaits, sont appelés à une lutte plus salutaire que la lutte sanglante des armes. Mais les hommes qui gouvernent la France ont su, par une fausse politique calculée, exploiter pour leurs intérêts et leurs passions personnels l'amour-propre légitime, mais véritable, du grand peuple qui est notre voisin.

» Plus les gouvernements confédérés ont la conscience

d'avoir fait tout ce que leur honneur et leur dignité leur permettaient de faire pour conserver à l'Europe les bienfaits de la paix, plus il est évident, aux yeux de tous, que l'on nous a mis le glaive à la main, et plus grande est la confiance avec laquelle, nous appuyant sur la volonté unanime des gouvernements allemands du sud comme des gouvernements du nord, nous nous adressons au patriotisme et au dévoûment du peuple allemand, pour le convier à la défense de son honneur et de son indépendance.

» Suivant l'exemple de nos pères, nous combattrons pour notre liberté et pour notre droit *contre la violence de conquérants étrangers*, et dans ce combat, *où nous ne poursuivrons pas d'autre but que celui d'une paix durable*, Dieu sera avec nous comme il a été avec nos pères... »

Telle est la mystification que sert à la Chambre prussienne le Tartufe couronné !

Vous voyez que ce n'est pas à titre de *conquérant* que le royal orateur prétend se jeter sur la France, puisque c'est nous qu'il accuse de venir chez lui avec des intentions de conquêtes. Il fait mieux encore dans la proclamation qu'il fait afficher dans toutes les provinces de l'Est, à son entrée sur notre territoire : il déclare que *ce n'est point à la France qu'il fait la guerre*, mais *bien au pouvoir qui pèse sur nous et nous dirige*...

Voici cette proclamation royale et hypocrite :

« Nous, Guillaume, roi de Prusse, faisons savoir ce qui suit aux habitants des territoires français occupés par les armées allemandes.

» L'Empereur Napoléon ayant, par terre et par eau, attaqué la nation allemande, qui désirait et désire vivre en paix avec le peuple français, j'ai pris le commandement des armées allemandes pour repousser cette agression, et j'ai été amené par les circonstances de la guerre à passer la frontière de la France.

» Je fais la guerre contre des soldats et non contre des citoyens français. Ceux-ci, par conséquent, continueront de jouir de la sécurité pour leurs personnes et leurs propriétés tant qu'eux-mêmes, par des tentatives hostiles contre les troupes allemandes, ne m'ôteront pas le droit de leur accorder ma protection. Par des arrangements spéciaux, qui seront dûment portés à la connaissance du public, les généraux commandant les différents corps détermineront les mesures à prendre envers les communes ou les individus qui pourraient se mettre en opposition avec les usages de guerre. De la même manière, ils régleront tout ce qui concerne les réquisitions qui pourront être jugées nécessaires pour les besoins des troupes, et ils fixeront le taux du change entre les monnaies françaises et allemandes, afin de faciliter les transactions individuelles entre les troupes et les habitants. »

Maintenant, ce code bismarkien à la main, allez juger, peser et apprécier comment les choses se sont passées à Nancy, à Saverne, à Beaumont (Oise), partout, en un mot...

A Versailles, MM. les Prussiens n'exigent-ils pas 55,000 cigares par jour, et des cigares fins encore, des londrès !...

Vous jugerez plus tard de la sincérité de ces paroles. Pour le moment contentez-vous d'en garder le souvenir.

Mais permettez-moi de vous dire à l'avance que c'est avec de telles idées de conquêtes et d'annexions que l'âpre Guillaume tire le sabre du fourreau contre notre chère patrie; que, depuis dix ans, son astucieux ministre a organisé en France, à Paris surtout, puis dans toutes nos places fortes, dans nos grandes cités, dans nos villes de moindre importance, dans nos campagnes, sur nos routes, nos chemins de fer, nos côtes, dans nos forêts, au sein de nos administrations, dans les ministères, les municipalités, en plein cœur de la société parisienne, un immense et très habile système d'espionnage et un inextricable réseau d'espions.

Oui, ce Méphistophélès à casque de cuir a mis depuis dix ans sous sa griffe, par l'envoi dissimulé le plus frauduleusement possible d'hommes fort adroits, cachés sous les noms les plus aristocratiques, couverts, estampillés des titres les plus honorables, horde satanique divisée par escouades; il a mis sous sa griffe tous les secrets de nos finances, de nos armées, de nos voiries, de nos ports, de notre marine, de notre commerce, de notre industrie, de nos richesses forestières, ainsi que les arcanes les mieux voilés, les plus tenus dans l'ombre et l'obscurité; il se les fait donner, il les possède tous, il les tient, ne les lâche pas, et s'en sert.

Tel général, reçu dans le meilleur monde de Paris, de nos villes de marque, à qui tout chacun, à raison de son amabilité, de sa distinction, de ses manières affables, de sa bonne renommée apparente, faisait le plus gracieux et le plus amical accueil, n'est autre qu'un espion dressant les plans les plus minutieux de nos forteresses, pénétrant dans nos arsenaux pour en cataloguer les ressources, prenant note de nos richesses artistiques au sein de nos musées, etc. Tel officier supérieur, également amène, traînant tous les cœurs après soi, grâce à son teint de lis et de roses, à sa blonde chevelure, à sa bouche en cœur, n'est autre non plus qu'un espion préparant les cartes les plus exactes de nos grandes routes, de leurs tenants, de leurs aboutissants; des villes qu'elles traversent; des bois qu'elles sillonnent; des plaines qu'elles parcourent; des ruisseaux sur lesquels elles chevauchent; spécifiant les montagnes et les collines; signalant les éminences même minuscules; tenant compte des plateaux, des versants; désignant les forêts, les bouquets de bois, jusqu'aux plus petits buissons, et dessinant non-seulement les routes de première classe, mais aussi les routes départementales, les chemins vicinaux, les sentiers de traverse, les hameaux, les fermes, les ruines, les plus légères aspérités, les maisonnettes les plus insignifiantes. De ces cartes, des milliers d'exemplaires photographiés, collés en relief, exécutés avec un soin admirable, finement coloriés, pliés avec un art infini et placés dans des étuis dignes de la beauté du travail, se trouvent dans les mains des généraux, des officiers et des soldats. Le Prussien connaît ainsi notre pays infiniment mieux que le Français. Il en est de même du plan de Paris, l'objectif spécial de S. M. Guillaume et du misérable Bismark. Dans ce dernier, les moindres détails, achevés avec une précision mathématique et un talent remarquable, témoignent du but que l'on se proposait depuis longtemps, à savoir : rendre familières la topographie de Paris, la position de ses remparts, de ses bastions, de ses forts, de ses citadelles, de la rivière, des quartiers divers, des monuments et des alentours de la capitale.

Ainsi donc, les employés allemands, entrés dans les ministères par appui, recommandations, prières, faveurs, espions ! Dans les administrations financières, industrielles, commerciales, scientifiques, espions ! Espions ici, là, partout ! Et quelle sorte d'espions ? Des hommes intelligents, généralement des officiers de l'armée prussienne, officiers très instruits, mais espions !

Il paraît que l'horrible flétrissure d'être espion ne chatouille nullement l'épiderme prussien... Ce que c'est que la différence de peau et de sentiment chez l'Allemand et le Français ! Appartenir à une catégorie aussi vile, aussi méprisable, ne choque nullement messieurs les officiers prussiens... Nous savons qu'en penser désormais pour ce qui nous regarde. A tout jamais arrière à l'officier prussien !

A l'heure suprême de l'exécution de Hart, cet officier-espion de M. de Bismark, un capitaine français, causant avec ce misérable, lui demanda comment il avait eu le courage d'exercer une aussi vile profession, lui officier de l'armée royale de Prusse.

— Que voulez-vous ?... fit-il. Chez nous, il faut en passer par là... A nous autres officiers prussiens, M. de Bismark n'accorde d'avancement qu'à la condition d'être espion en France ou ailleurs, pendant plus ou moins de temps, et selon les services que nous rendons...

Est-ce assez honteux, ignoble, écœurant?... N'est-ce pas horrible de remuer une pareille boue?... Fi! assez des espions!...

Mais avec qui donc combattons-nous, que l'on voit de ces officiers de l'armée ennemie se costumer en laquais, en femmes, oui, en femmes! en religieuses, en abbés, en moines, pour nous espionner?

Au commencement de la guerre, deux individus opèrent des sondages dans la Seine, entre l'île de Billancourt et le viaduc du chemin de fer. Arrêtés et conduits devant l'autorité, pressés de questions, ils ont déclaré que si on voulait leur laisser la vie, ils rendraient un service signalé. A cette condition seule, on leur assura la vie sauve. Alors ils firent avec franchise et avec une profonde connaissance des moyens, soit de protéger, soit d'attaquer la capitale, des observations qui frappèrent de stupéfaction les hommes compétents. D'après les renseignements de ces espions prussiens, car ils étaient officiers de l'armée de Prusse, on reconnut qu'il existait en effet 600 mètres d'étendue de la largeur de la Seine complètement à découvert et à l'abri des projectiles du Mont-Valérien et du fort de Vanves. Aussitôt ces aveux eurent pour résultat d'engager le comité de défense à entreprendre immédiatement des travaux sur les deux rives pour empêcher le passage du fleuve, et principalement dans l'île Séguin. Les travaux furent rapidement achevés.

L'espion prussien, pendant cette guerre fatale, se trouve partout, sur tous les chemins, dans toutes les maisons, même parmi les défenseurs de la patrie. Au nombre des cinquante jeunes gens formant la compagnie des francs-tireurs de Boulogne, le capitaine commandant le corps est avisé de l'allure et des démarches suspectes de l'un de ses hommes. Celui-ci avait demandé avec instance à être incorporé dans la compagnie. On le surveille. Arrivé à Douai, les soupçons du chef ne font que s'accroître. On profite de son absence pour visiter sa valise, et alors on met la main sur une correspondance plus que compromettante... C'était un espion prussien !...

Après tout, ces messieurs de Prusse aiment bien dîner. Un soir, au restaurant Vachette, il y avait grande émotion. On arrêtait deux espions prussiens, alors qu'ils se mettaient à table, les infortunés ! Ils ont dû quitter d'un air marri le fin repas qu'ils s'étaient fait servir.

Je n'en ai pas fini avec les infamies prussiennes : nous aurons bientôt à y revenir...

VI

O vieux Rougé de l'Isle, pourquoi ne t'a-t-il pas été donné de vivre l'âge des patriarches pour assister au réveil de la *Marseillaise* redevenue, comme il y a quatre-vingts ans, le chant de guerre pour notre armée du Rhin de 1870 ? Ah ! c'est que bientôt après cette résurrection de la vertigineuse mélopée, il aurait fallu voiler ta face attristée, car, cette fois, au lieu de conduire à la victoire, c'est dans l'abîme de cruels revers qu'elle nous a tous précipités !...

En effet, tout après un brillant début de nos armes, dans une rencontre qui eut lieu près de Niederbronn, entre un peloton de nos chasseurs et des cavaliers badois ; tout après l'enlèvement non moins brillant des positions de Sarrebruk, nous avons subi un terrible échec près de Wissembourg. Puis, comme un malheur ne vient jamais seul, presque en même temps que le général Douay était battu et tué à Wissembourg, à peu de distance de là, le maréchal Mac-Mahon perdait la bataille de Reischoffen, nonobstant l'admirable courage dont il faisait preuve, nonobstant cette inimaginable et furibonde charge de cavalerie exécutée par les 8e et 9e régiments de cuirassiers, dont la gloire est à jamais immortelle, et qui, tous, y périrent...

Là, comme dans toutes les rencontres, les Français combattirent 1 contre 7, 8, 9 et 10 Prussiens ! C'est horrible à dire, mais c'est la vérité, et il en sera ainsi jusqu'à la fin de cette guerre de géants. Géants, les Français! car quelle gloire pour les Prussiens?...

Un moment, la France chanta Hosannah au Dieu des armées, car le commandement suprême de la guerre ayant été enlevé à des mains inhabiles, celles de Napoléon III, disons-le nettement, et le maréchal Bazaine ayant été promu au titre de généralissime, la victoire parut revenir aux bannières de notre vaillante armée.

Une lutte terrible s'engagea, pendant deux jours, à Longueville, à 3 kilomètres de Metz, puis à Gravelotte; nonobstant les pompeux bulletins de victoire de la Prusse, ce fut bien authentiquement notre armée qui obtint le succès le plus complet, en écrasant l'ennemi et en le précipitant dans les carrières de Jaumont.

Quel horrible spectacle que celui des champs de bataille en général; mais quel épouvantable spectacle que celui des champs de bataille de Wœrth ou Wissembourg, de Longueville, de Gravelotte, et des carrières de Jaumont en particulier!

J'ai parcouru le théâtre de la lutte à Wissembourg, et j'ai spécialement visité l'endroit où s'était aveuglément ruée la terrible charge des 8e et 9e cuirassiers, dont pas un n'est revenu vivant. Un témoin de cet épisode de guerre me raconta qu'après la troisième de ces charges vertigineuses, les Prussiens virent arriver, non sans effroi, à toute vitesse, un cheval portant, crispé, mais droit encore sur sa selle, un cavalier dont la tête venait d'être enlevée par un boulet de canon... c'était horrible! Le cadavre tomba seulement lorsque le cheval tomba lui-même. On eut ainsi l'inimaginable spectacle de ce cadavre décapité se maintenant à cheval sur un parcours de 150 mètres, et paraissant encore charger l'ennemi...

Ce corps mutilé appartenait à M. de la Futzun de Lacarre, colonel du 8e de cuirassiers. Le même boulet avait coupé en deux le trompette du colonel et enlevé la main d'un capitaine qui se tenait à ses côtés.

Lors de cette même charge, le lieutenant Billet, fils du colonel, chargea quatre fois avec la mâchoire emportée par une balle. Son père dut le faire transporter de force à l'ambulance, au moment de la cinquième charge, où lui-même fut blessé.

Quand je foulai aux pieds ce sol de carnage, il était couvert de cadavres, dont plusieurs avaient été horriblement atteints. J'en ai vu un qui n'avait que la moitié du visage. Un autre n'avait plus d'autres membres qu'une jambe. Un troisième était coupé en deux. Sur une pierre se trouvait une main ornée d'une bague de brillants. A qui avait-elle appartenu? Et partout des armes brisées, des vêtements souillés, du sang plein les sillons! On avait déjà dépouillé les morts. Il y avait là des monceaux de cuirasses encore brillantes ; des casques avec des plumets : le tout était empilé de distance en distance, le long de la route. Dans l'intervalle, gisaient des selles, des harnais, des valises avec un 8 ou un 9. chiffres de nos pauvres régiments composés d'hommes si beaux et de chevaux si ardents. On voyait des épées, des sabres, des pistolets, des révolvers épars partout. Çà et là, des cuirasses isolées, des casques tombés au hasard, des chevaux morts, quelques-uns encore haletants. Le terrain était foulé, les vignes brisées, des mares de sang coagulé de place en place. Et ce tableau sinistre pendant toute une grande lieue.

Dans le village lui-même, deux piles de 30 à 40 cuirasses avec des casques. Plus loin, mêlés avec les trophées des malheureux cuirassiers, s'estompaient les restes d'un régiment de lanciers; ce n'étaient que banderoles rouges et blanches, schakos carrés de lanciers, tuniques bleues, etc.

Une circonstance remarquable, c'est que aucune cuirasse ne se montrait percée par les balles... Que sont devenus ceux qui les portaient? c'est un problème; mais le certain, c'est qu'ils ont été anéantis. On raconte qu'ils avaient chargé une batterie, s'en étaient même emparés; hélas! ils furent en cet instant même attaqués de côté par l'infanterie, qui, en peu de secondes, les jeta tous à terre pour jamais!

Lorsque le maréchal Mac-Mahon vit que, malgré l'héroïsme de ses troupes, il n'y avait pas moyen de résister à l'ennemi qui se renouvelait sans cesse, il fut pris, lui l'homme de bronze, d'un accès de découragement. Assis sur le bord d'un fossé, il se mit à fondre en larmes. Mais bientôt se relevant, dans un élan de désespoir énergique, il voulut se jeter dans la mêlée, décidé à se faire tuer. Ses soldats se précipitèrent au-devant de lui et l'arrêtèrent par cette sublime parole :

— Pourquoi vous faire tuer, maréchal? Est-ce que nous vous avons refusé de mourir?...

Mac-Mahon trouva dans l'abnégation de ces braves gens une nouvelle énergie, et il se mit alors en devoir d'opérer cette belle retraite dans laquelle cent mille Prussiens n'osèrent poursuivre les débris d'un corps de 30,000 héros! Quel homme admirable que Mac-Mahon! Aussi n'est-il pas étonnant, quand on connaît les procédés des Prussiens, que l'un d'eux ait attenté à ses jours, en déchargeant sur lui trois coups de son révolver.

Et dans les ambulances, quel autre spectacle! La plupart de nos blessés étaient atteints aux jambes, par suite de la manière de tirer des Prussiens, qui, au lieu d'épauler, appuient la crosse de leur fusil sur leur cuisse droite. Des éclisses, des bandages sanglants soutenaient leurs pauvres os broyés. Un soldat du 66e, me prenant pour un infirmier, m'arrête :

— N'est-ce pas, Monsieur, qu'on ne me coupera pas ma jambe?

J'entends encore cette voix plaintive, presque inarticulée, voix d'enfant, sortant d'une bouche entourée de rudes moustaches.

— Non, certes, on ne vous la coupera pas!... Vous guérirez, mon brave! Ce n'est pas grave ce que vous avez là...

L'œil de l'infortuné s'illumina...

— Ah! n'est-ce pas? ce n'est pas grave... Aussi je me disais : On a coupé la jambe à cinq camarades blessés comme moi... mais si on me laisse ma jambe, c'est que ma blessure n'est rien...

— Rien!... seulement ce sera long...

J'étouffais. Le pauvre blessé avait peut-être pour deux heures à vivre! on le laissait mourir. Le *charcutier*, comme ils appellent le chirurgien, voulait qu'il *passât* tranquillement.

— Eh bien! dit-il, puisque ça n'est rien, je veux fumer ma pipe...

Nous avions à tous distribué du tabac. Il bourra sa pipe, et de ses lèvres pâles, tirant une ou deux bouffées, il fuma, en s'arrêtant pour dire encore :

— Ça fait du bien de savoir qu'on en reviendra...

Mais l'aumônier survint. Je m'éloignai, et je vis sourire le misérable blessé, ce qui me démontra que le soldat ne craint pas le prêtre.

Et les bonnes Sœurs de charité, comme ils les appellent... Prêtres et Sœurs savent trouver le cœur du troupier; et comme ils ont le talent d'adoucir les derniers instants!

Si nos armées en marche sont belles à voir, celles de Prusse sont loin de leur ressembler. Figurez-vous de longues files d'hommes sombres, avec des étendards noirs. Pas de gaîté; au contraire, la tristesse est empreinte sur tous leurs visages. Et pourtant il est une chose plus sinistre qu'un défilé des troupes du bon roi Guillaume : c'est le cortége qui les accompagne et marche à leur suite.

Représentez-vous une horde de gens de tous les pays, des repris de justice, des forçats en rupture de ban, des voleurs, des gredins de tous les calibres. Certains conduisent des ânes

www.ingramcontent.com/pod-product-compliance
Ingram Content Group UK Ltd.
Pitfield, Milton Keynes, MK11 3LW, UK
UKHW031951260826
14628UKWH00004B/1996

9 782013 748667